城市治理之大数据应用

王　忠　王晓华　著

海洋出版社

2017 年·北京

图书在版编目（CIP）数据

城市治理之大数据应用/王忠，王晓华著．—北京：海洋出版社，2017.3
ISBN 978-7-5027-9733-1

Ⅰ．①城…　Ⅱ．①王…②王…　Ⅲ．①数据处理-应用-城市管理
Ⅳ．①C912.81-39

中国版本图书馆 CIP 数据核字（2017）第 043344 号

责任编辑：杨　明
责任印制：赵麟苏

海洋出版社　出版发行

http：//www.oceanpress.com.cn

北京市海淀区大慧寺路 8 号　邮编：100081
北京朝阳印刷厂有限责任公司印刷　新华书店发行所经销
2017 年 3 月第 1 版　2017 年 3 月北京第 1 次印刷
开本：787mm×1092mm　1/16　印张：14.25
字数：226 千字　定价：60.00 元
发行部：62132549　邮购部：68038093　总编室：62114335
海洋版图书印、装错误可随时退换

前　　言

一、城市管理者面临的双重挑战

2015 年，我国城镇化率达到 56.1%，城镇常住人口达到了 7.7 亿。近 10 年来，我国每年城镇人口增加约 2 000 万人，比世界上大多数国家的人口还要多。毫无疑问，从今往后，绝大多数的中国人都将生活在城市中。但是，寄托人们美好希望的城市，交通拥堵、环境污染、公共服务供给不足等，泛滥的"城市病"已不容忽视。在这些城市顽疾面前，传统的城市管理理念及手段已经难以为继。

理念方面——以往单纯依靠政府管理城市的理念已经行不通了。城市化进程的加快，使越来越多的人口涌入城市。尽管以户籍制度管控城市人口的想法仍存在于不少城市管理者的头脑之中，但是事实证明其左右不了人力资源自由流动的发展趋势。政府有限的财政收入，已满足不了广大市民的公共服务需求。早在 20 世纪七八十年代，英、美等国就已意识到，政府或国企垄断公共服务效率低下，还会制造很多官员寻租的空间，由此大力推动了公共服务市场化改革的潮流。我国城市发展要落后于这些发达国家，公共服务市场化改革依然举步维艰。在快速城市化的大背景下，必须构建现代化的城市治理体系，培育现代化的城市治理能力，由传统的管理转变为现代的治理。

手段方面——传统的管理手段无法解决城市运行产生的新问题，有时候甚至制约了城市运行效率的提高。无论是公共服务设施的空间布局、还是公共资金的投入分配，仅凭经验决策有极大的风险，即便被广泛应用的抽样统计也难以制定出科学的方案。深深困扰市民的交通拥堵、乱停车、看病难、治病贵、好学校难进、流动商贩、雾霾、发臭的河水和垃圾场等社会问题，传统管理手段根本无法根治。事实上，这些问题并非不治之症，在国外不少城市治理得法，问题基本绝迹。而解决这些问题的关键工具之一便是大数据。时至今日，城市治理的科学决策将依赖于实时、多元、全样本的大数据。

二、从"城市管理"到"城市治理"

从"城市管理"向"城市治理"转变，是一种理念上的跨越，是传统管理型城市向现代治理型城市的转变，也是发展驱动型城市向服务驱动型城市的转变。

建立并完善城市治理体系，推动治理能力现代化，首先要改变城市发展思路。以往的城市管理以经济发展为第一要务，以追求 GDP 增长为首要目标。现阶段，城市发展最能体现政绩的方面在于不断完善城市公共服务体系，让城市成为能够承载市民全面、自由发展希望，并实现其奋斗目标的空间，最终实现城市与人的和谐与共同发展。

从"城市管理"向"城市治理"的转变，最核心的是治理主体多元化。以往的城市管理是以行政手段，自上而下地开展工作，而现代的城市治理则是公共、民营机构和市民共同参与、共同管理城市事务的过程。完善城市治理体系，需要保障社会组织具有参与城市公共事务的权利，这就需要相应的法律支持。在法律保障下，有效发挥社团群体以及中介组织的作用，吸收社会组织参与城市公共事务，使其在参与过程中不断提高自身水平，"参与越多、提高越多；提高越多，越想参与"，形成一种良性循环，促使城市社团群体及中介组织进入一个新的发展阶段。

三、大数据加速推动城市管理向城市治理转变

21 世纪，全球数据量呈现出爆炸性的增长，在世界范围内引起专家学者的高度关注，研究成果不断出现，估算数字不断翻新。据 IBM 的 Ziko-

poulos 等（2011）估算，在 2000 年世界范围内有 80 万拍字节的数据被存储，预计到 2020 年数据量将会达到 35 泽字节；麦肯锡的 Manyika（2011）估算，2010 年全球企业将多达 7 艾字节的新数据存储在了硬盘里，消费者们也把多于 6 艾字节的新数据存储在了个人电脑里。[①] Manyika（2011）还估算，全球数据将以每年 40% 的速度增长。数据规模的爆炸式增长以及数据分析技术的突飞猛进，将人类带入了大数据时代，各个领域都掀起了应用大数据的热潮。

应用大数据已成为全球主要城市的发展共识。现代城市是一个开放式复杂巨系统，有识之士普遍提倡充分利用大数据实现城市服务智能化、城市应急快速化和城市监测实时化，提高城市的治理水平。先发城市已出现了大量的大数据应用于城市治理的成功案例。如里昂采用了 IBM 的"决策支持系统优化器"（Decision Support System Optimizer），基于摄像头、信号灯、天气、社交媒体等数据，监控和预测交通拥堵情况，并据此调整信号灯，加速车流通过。波士顿开发了一款移动应用程序"坑洼街道"（Street Bump），利用智能手机的加速计和 GPS 反馈出凹坑等道路情况，既帮助市民找出了比较平整的路面，也为道路维护提供了参考。

我国已进入快速城市化阶段，城市病普遍存在，提高城市治理水平迫在眉睫。大数据的出现正逢其时，应充分调动各方的积极性，加快大数据在城市治理中的应用探索，推动城市治理现代化。

四、本书主要内容

在城市治理中应用大数据技术，不仅仅是研发一套技术方案，还需要建立可持续的运营模式，以及多方面的制度保障。本书将对国际上利用大数据进行城市治理的应用领域及运营模式进行深入探讨，揭示其对我国的启示，并结合我国的实际情况，分析适用于我国城市治理的大数据应用领域、应用时序、开发运营模式以及保障机制。主要内容如下：

---

① 在这里用到的表示因数的词头为：拍（P）= 10^{15}；艾（E）= 10^{18}；泽（Z）= 10^{21}

第1篇　当城市治理遇上大数据

第1章　介绍城市治理的时代背景，当前城市主要的数据资源及其价值，并展现城市治理给大数据发展提供的契机。

第2章　分析大数据在城市治理中的作用，介绍大数据可能激活的城市数据资源，以及可能带来的弊病。

第2篇　城市治理如何应用大数据

第3章　以北京为例，通过文本挖掘，对2005—2015年北京市民投诉的信件进行分析，绘制词云图，分析我国城市治理存在的主要问题。

第4章　介绍国外城市治理大数据应用的典型案例，分析在我国城市治理中大数据的主要应用领域、开发运营模式以及应用时序。

第5~9章　重点分析我国城市中交通拥堵、公共安全、生态环境、医疗卫生等关键领域的大数据应用。

第3篇　城市治理应用大数据存在的障碍

主要分析大数据在城市治理中应用面临的瓶颈，以及亟待解决的难题。

第10章　介绍政府数据条块分割的现状以及数据开放存在的问题。

第11章　分析了大数据应用存在的隐私挑战，先介绍隐私保护发展阶段，再分析了去匿名化、被遗忘权、元数据敏感化等方面的挑战。

第12章　介绍应用大数据存在的技术瓶颈，包括技术未与数据规模、速度和复杂性增长同步，系统开发能力不足，基础设施不完善等。

第4篇　配套制度

城市治理应用大数据技术需要一系列的体制机制创新，主要从政府数据开放、市民参与、信息安全、隐私保护、产业创新等方面研究保障机制。

第13章　提出以PPP模式纾解财政困境，并提出通过PPP模式建设区域健康医疗大数据中心的设想。

第14章　介绍了国外政府数据开放的发展趋势，对典型国家进行了对比分析，并总结了其数据开放的经验及名示。

第15章　介绍了信息安全的主要内容，提出了城市治理大数据应用中保障信息安全的措施。

第16章　通过问卷调查的方式，分析了国人认识的隐私内容，并提出了隐私保护的建议。

第17章　介绍了城市治理中众包的重要作用，并分析了众包的操作方式。

第18章　提出通过完善基础设施，推出大项目、开展应用竞赛、支持创业等方式，夯实大数据应用的产业基础。

著　者

目　　录

第 3 篇　城市治理应用大数据存在的障碍

第 4 篇　城市治理大数据应用措施

第1篇　当城市治理遇上大数据

世界正在经历一个城市化的进程，一个新的属于城市的时代已经来临，全球城市化水平在未来的 40 年内将达到 70%。庞大的人口规模、飞快的经济增速，使得正处于快速城市化阶段的中国成为这一波城市化浪潮中的排头兵。在这一进程中，城市治理任重道远，城市治理水平和能力的提升需要新的技术给予支撑，制度创新给予保障。与此同时，炙手可热的大数据需要更好的应用场景，以实现技术升级和应用落地。二者的相遇正逢其时。大数据应用既能提高政府的城市治理能力、公信力，又能提高市民满意度，还能带动相关产业发展，形成新的增长点，可谓一举多得。尤其是我国某些城市人口众多、城市情况复杂，在这样的城市治理环境中取得成功的大数据应用解决方案，必然能够向国内外其他城市推广，形成示范效用，提升城市的国际影响力。

1 城市治理给大数据提供了用武之地

1.1 中国处于快速城市化发展阶段

中国城市人口比重在建国初期只有 10.6%，仅 0.58 亿人生活在城市。到 2015 年，我国城镇人口有 7.7 亿，城镇化比例达到 58.47%（图 1-1）。人口不断向城市集聚，是不可逆转的历史潮流。中国处于快速城市化阶段，虽然增速略有放缓，但也属于中高速发展区间。

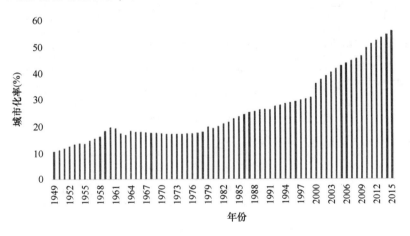

图 1-1 中国城市化发展趋势

千万人口以上的城市被称为超大城市。根据中国官方的人口统计数据，截至 2015 年有 13 座城市居民数量超过了 1 000 万，如表 1-1 所示。由于官方统计人口主要是指户籍人口，与城市实际居住人口数据存在一定出入。若按照国际惯例，把外来务工人员和城郊居民计算在内，我国目前人口超过 1 000 万的超大城市将更多。例如，武汉、青岛、杭州有较多外来务工人员，若将此部分人口统计在内，这些城市的实际居住人口必将超过千万。随着城市化进程的推进，我国将出现更多的大城市、超大城市。城市人口越多，治理难度越大，城市人口越多也意味着数据量越大，这给大数据提供了广阔的应用舞台。

表 1-1　2015 年中国主要城市人口数量（TOP20）

排名	城市或地区	人口（万人）	GDP（亿元）	人均 GDP（元/人）
1	重庆市	2 884.62	7 894.24	27 367
2	上海市	2 301.91	16 872.42	73 297
3	北京市	1 961.24	13 777.9	70 251
4	成都市	1 404.76	5 551.3	39 518
5	天津市	1 293.82	9 108.83	70 402
6	广州市	1 270.08	10 604.48	83 495
7	保定市	1 119.44	2 050.3	18 315
8	哈尔滨市	1 063.6	3 665.9	34 467
9	苏州市	1 046.6	9 000	85 993
10	深圳市	1 035.79	9 510.91	91 822
11	南阳市	1 026.3	1 955.84	19 057
12	石家庄市	1 016.38	3 401	33 462
13	临沂市	1 003.94	2 400	23 906
14	武汉市	978.54	5 515.76	56 367
15	邯郸市	917.47	2 342.2	25 529
16	温州市	912.21	2 925.57	32 071
17	潍坊市	908.62	3 090.9	34 018
18	周口市	895.32	1 227.9	13 715
19	青岛市	871.51	5 666.19	65 016
20	杭州市	870.04	5 945.82	68 340

1.2　城市管理向城市治理的痛苦转型

我国城市的管理和服务水平在不断提升，但与先发城市相比，我国城市治理体系仍未完全形成，城市治理能力偏低，仍然处于城市管理向城市治理的痛苦转型期。究其原因，主要有以下几个方面：

一是现代城市治理理念尚未深入人心。多年来 GDP 一直是城市发展的指挥棒，城市对招商引资之类的经济发展事项比较重视，同时对楼堂馆所、道路、广场之类显示度较高的基础设施工程投入较多，对于民生服务、公共设施运维重视不够。无论多繁华气派的大街，路面也常能看到各种"牛皮癣"和流动商贩；无论多宽敞、靓丽的主干道，路边也不乏乱停的车辆。社会组织或者个人也将城市治理看做是政府的事，"有问题找政府"，没有树立现代治理理念。事实上，既便找政府有时也得不到满意的答复，时常面临各种扯皮推诿，将责任相互踢皮球的情况，下表中信件投诉及回复便是一例（表1-2）。

表1-2　关于未通车道路的投诉及回复

信件内容	回复内容
××区××镇×××西侧与××××楼中间的未正式通车道路上，这两天多了很多私搭乱建的临时活动房，聚集了很多流动人口！无人治理！对小区安全造成了很大隐患！希望有关部门及时治理，拆除这些违章房！避免出现问题！！同时，要加大该地区的日常执法巡视，避免再次出现类似违章建筑！！	群众反映的××区××镇×××西侧与××××楼中间的未正式通车道路，经××镇规划部门核实，该道路属××××××开发区修建和管理，建议向开发区转办此问题，谢谢。

资料来源：《首都之窗》今日来信栏目

二是社会各界参与机制和渠道不畅。自上而下的行政体制，没有给社会各界参与城市治理提供顺畅的机制和渠道。市民反映的问题，无论是否合理，大多得不到受理。只有书记或者市长批示了，才有可能引起重视，从而使问题得到解决。没有参与即缺乏参与的成就感，市民对城市的关心和维护不够，甚至经常出现故意破坏市政基础设施的现象，形成恶性循环。

三是缺乏能参与城市治理的专业机构。城市是现代社会中的复杂巨系统，需要大量的专业系统协调运作、共同运行。城市规模的扩大，无论是空间规模还是人口规模，都会增加对于专业服务机构和专业服务人才的需求。但现实中，我国专业服务机构的数量明显不足，专业服务人才严重匮乏。例如环保、教育、文化等方面，中国城市中此类第三方机构屈指可数，而且这些第三方机构大多有官方背景，很少在污染治理、提供公共服务等方面有真正意义上的作为。专业人才及专业机构的不足，导致城市治理的合力难以形成。

四是政府部门的管理手段还很落后。城市面对快速增加的人口，尤其是流动人口，缺乏前瞻性的举措，还是按照本地户籍人口比例配置人、财、物等资源，流动人口难以享受城市基本公共服务的现象比比皆是。政府的管理手段仍沿袭多年的老办法，没有进行相应的创新。例如，城市环境方面，主要依靠聘用的信息员。他们四处拍摄环境问题的照片，如垃圾堆、臭水沟等，并上传到城管系统中。这样需要聘用大批信息员，不但管理成本较高，而且存在很多难以发现的死角。流动商贩方面，依靠城管"扫马路"式的巡查，以及不定期的抽查，应运而生的是商贩的"打游击"。这些管理手段只能头痛医头、脚痛医脚，不能有效解决问题。就以停车为例，《首都之窗》有这样一封信件及回复（表1-3）。对于棘手的私设地锁问题，该回复部门避而不谈；对于乱停车，也只是表示加大管理力度。乱停车问题，交管局还可以自己解决。小小地锁，其拆除往往需要公安、城管、交通、工商、环卫等部门联合执法，而要找齐这些部门，并非易事。

表 1-3　关于停车问题的来信及回复

信件内容	回复内容
××区××路 29 号××小区 5 号楼南侧底商××服装店在门前人行便道私装 10 余个地锁占道停车，已侵占便道和盲道，旁边的×××美容店和一美发店也存在让客人将车辆停在便道的情况，并为客人停车方便将该处机非隔离护栏搬移，曾向 12345 反映问题有 2 周时间，答复称已告交管部门并由城管约谈店方拆除地锁和加强交通治理，但至今没有解决。 　　同时，该处路段位于××路××××超市以西路北侧，道路长约五六百米，该处违法停车问题突出，机非隔离带等护栏丢失严重，每天可能仅有个别时段有贴条查处人员到场，经常是违法停车数辆仅有一两辆上面有条，可见执法时间的有限，另每天中午有大量出租车违法停放在主路公交车道和辅路非机动车道内停车用餐，有关部门应采取违法停车监测拍摄的技术手段或其他有效办法彻底解决该处交通秩序混乱问题。	您好！感谢您对我们工作的支持和关注，您的来信已收悉，就您提出的问题，回复如下： 　　您反映的情况确实存在。××路三环至四环段改扩建工程尚未完工，××××底商较多，前来购物、进货车辆频繁往来，个别机动车驾驶员的违法行为就会严重影响了道路的正常通行。我们始终没有放松对该地区交通秩序的管理工作，今后将加大管理力度，对不按秩序停放车辆、违反现行规定等违法行为坚决给予纠正处罚，确保道路安全畅通。如果您有好的建议或意见可直接与管界大队联系（×××××××××），以便进一步进行沟通。 　　非常感谢您对我们工作的监督和支持，并衷心希望在今后的工作中继续得到您的监督、关心和支持。

资料来源：《首都之窗》今日来信栏目

　　爱德华·格莱泽在《城市的胜利》中指出，城市是人类最伟大的发明与最美好的希望，城市的未来将决定人类的未来！让生活更美好是城市存在和发展的根本目的，也是推进城市治理体系和治理能力现代化的根本动力。应该充分发挥全体市民的积极性、主动性、创造性，建立多方参与，共同治理的发展模式，让全体市民共同参与城市治理，共享城市的发展成果。

1.3　城市拥有丰富的数据资源

　　我们置身的城市正面临着数据的大爆炸。手机、IPAD、数码相机等普遍使用的移动智能终端，智能手环、智能跑鞋、智能手表等广泛应用的嵌入式传感器，微信、微博等不断刷新的社交媒体都在不断产生着数据。软件在越来越多的设备中嵌入，使设备更智能，固定和移动网络基础设施被广泛铺设，使数据传输更便捷，甚至在许多特殊环境中人们也能够上网，例如以往禁止上网的航班、高铁。这些技术的进步不仅是大数据产生的途径和来源，也能使数据得到访问和分享。城市中时时刻刻涌现的数据正在改变着人们的生活。

1.3.1　城市数据来源

城市数据的来源大致可分为三大类：整合的、自动化的和主动的。

整合的数据是由传统的调查产生的，其特征在于人为地收集、处理并集中在某个地方。产生整合数据的系统有移民护照控制系统。该系统会把反映移民人员细节的数据收集起来并对照其他的数据进行核查，从而产生新数据。如将移民人员数据与闭路电视、照片、指纹扫描、虹膜扫描或空间视频、激光雷达、热力或其他类型的环境电磁扫描得到该名人员的数据相比对。大数据使得移动和实时的数据在二维和三维的映射比对都得以实现。

自动的数据是由设备或系统所固有的、自动的功能而产生的。自动数据产生的方式有很多，包括：抓取任务执行过程数据的捕捉系统产生的，生成记录数据的数码设备产生的，产生交易数据的交易交互数据网络产生的，显示人们网页浏览记录数据的点击流路径产生的，能够上传监测数据的传感器产生的，可扫描通行证、护照、包裹等条形码进行支付登记的机器产生的，以及物联网环境下设备之间的交流产生的等多种方式。

相比之下，主动产生的数据是由用户主动贡献的，包括：用户在社会自媒体上的互动，如在社交网站（如新浪微博）上发表评论、意见或上传照片；众包数据（详情可参见第17章），即用户生成数据并贡献到一个共同的系统中，如生成 GPS 轨迹上传到 Open Street Map（OSM）。OSM 是一款免费开源、可编辑的地图服务，利用公众的力量来完善地图，以创造一个开放的测绘系统。

1.3.2　城市数据类型

不同国家甚至同一国家的不同城市，其数据资源都会有所不同。政府所掌握的数据资源主要包括其本身运行数据和公共事业部门的数据。所有的数据资源不可能一一枚举，仅将我国城市的政府和公共事业部门掌握的主要数据资源列举如下：

（1）人口数据。是指能够反映人口各种属性的数据资源，如公民信息、婚姻状况、低保人群、就业人口、社保人员等各种属性的人员信息数据。这些数据主要归口于国家统计局、公安部、民政部、人力资源和社会保障部等部委。与之相关的重要人口信息系统有国家统计局的人口普查数据库，公安部的人口身份信息数据库、DNA 数据库、出入境人员/证件信息库，民政部的婚姻登记数据库，社保部的低保数据库、金保工程人口数据库，等等。由于人口数量稳步增长，人口身份信息将逐步增加指纹及DNA 等相关数据，数据规模将有所增长。

（2）地理数据。是指反映一国领土基本构成、地质、水文、城乡规划、气象、自然环境监测等信息的数据，主要包括基础地理数据、土地资源数据、矿产资源数据以及气象数据。地理数据主要归口于国家测绘局、中国科学院、国土资源部、国家气象局等部门，重要信息系统主要有国家测绘局的国家测绘系统，中国科学院的人地主题系统，国土资源部的金土工程数据库，国家气象局综合管理信息系统等。随着测绘、气象等技术水平的不断提高，地理数据将会有快速增长。

（3）宏观经济数据。是指支撑国民经济运行与发展的数据，这些数据为国民经济正常运行和国家经济规划提供服务和保障的基础，便于管理和资源分配。宏观经济数据主要归口于国家统计局、财政部、海关总署、税务总局、中国人民银行、工业和信息化部、农业部、商务部等部门。重要信息系统和数据库主要有国家统计局的国民经济统计数据库、经济普查数据库，财政部的预算管理系统、国库集中支付管理系统、总账管理系统，中国人民银行的货币发行、主要金融指标数据库，海关总署的通关管理系统等。随着这些职能部门信息化水平的不断提高，尤其是金财、金税、金关等工程的不断推进，宏观经济数据总量将有快速增长。

（4）企业数据。是指能够反映企业基本构成、企业法人特征以及经济活动等企业信息的数据。这些信息主要归口于工商、国税、地税、质监等职能部门，包括企业基本信息数据、商标信息数据、管理机构自身业务数据、公众业务数据以及内部文档数据等。根据调研情况，全国企业基本信息数据库已经纳入规划，但是到目前为止还没有正式实施。受到经济危机和欧美债务危机的影响，国内企业特别是中小企业发展速度较以往有所放缓，各类企业增长的速度明显减慢。但是，在政策引导下，省市县各级分散的数据有向中央大集中的趋势，使得数据量会有快速增长。

（5）能源数据。指在国民经济各个行业运转中处于基础性、战略性地位，能够向自然界提供能量转化的物质资源的全部数据，如石油、煤炭、天然气、金属、电力、风能等。能源数据主要归口于国家电网、水利局、中石油等单位。随着智能电网、智慧油田等项目建设进程加快，能源领域数据总量将会有所增长。

（6）交通数据。是指与铁路运输、公路运输、水路运输、航空运输和空运管道运输等相关的实现跨地经济交易，并与国防、物资运输、人民生活关系密切，侧面反映经济交易情况的数据。交通数据分为公路、水运、铁路和民航交通等类型，主要归口于交通运输部、铁道部和中国民航信息集团公司。重要的信息系统有电子地图数据库、车辆管理系统、电子海图、船舶管理系统、民航商务信息系统、离港系统、结算系统、列车调度指挥系统、铁路运输管理信息系统、客票发售与预订系统等。受到信息化水平提高和业务量扩大的影响，数据量将会快速增长。

（7）电信数据。是指国家电信行业发展的量化指标，也是衡量我国信息化程度的重要指标，能在一定程度上反映国内信息经济的发展基础，并会影响国家信息产业、工业等发展政策。电信数据主要归口于中国移动、中国联通、中国电信三大运营商。具体数据主要包括移动、固话及互联网通信的 BOSS（计费结算、营业账务、客户服务、决策支撑）、经营分析、通话记录、通话录音、客服录音、短信和彩信记录等。电信行业的"大集中"建设已进入省级大集中阶段，各省建立了高性能的数据中心来应对不断增长的海量用户数据，数据量将飞速增长。

（8）金融数据。是指一切与信用货币的发行、保管、兑换、结算、融通有关的，涉及银行、证券、保险等行业及其政策制定和监管机构，影响国内货币政策、证券市场运行、外汇稳定、国内经济稳定发展以及人民切身经济利益相关的数据。金融数据主要来自于银行业、保险业、信托业、证券业和租赁业等细分行业进行相关业务而产生的数据。重要的信息系统和数据库包括银行的全功能银行数据库、信用卡数据库、信贷管理系统、国际结算业务系统、资产质量监控系统、单据影像传输与管理系统；证券的股票竞价交易系统；银监会的大客户授信登记数据库、个人房贷车贷违规登记数据库、关联企业信贷登记数据库等；保险的从业人员信息管理系统、综合业务系统、单据影像传输与管理系统、代理人管理系统等。由于我国金融业发展迅速，信息化水平不断提高，数据量将有所增长。

（9）医疗数据。是指反映国家基本医疗条件和国民健康情况，判定国民医疗卫生水平的相关数据。医疗数据主要是电子病历，包括两类信息，一是居民就医的诊断过程以及诊断结果的记录（主要是文本信息），二是各种检查结果的记录，包括图片、影像和其他多媒体信息。重要的信息系统为医疗信息系统（HIS）和医学影像系统（PACS）。目前这些数据还主要在各医院分散存储。政府将通过"3521"工程将医疗行业数据整合统管。

（10）社保数据。是指记录养老保险、医疗保险、失业保险、工伤保险、生育保险等相关业务的数据，以确保人们在步入老年、就医、失业、受工伤、生育遇险等情况下物质和资金上有所保障。这些数据主要由人力资源和社会保障部与全国社会保障基金理事会掌握。随着参保人数的不断增长，以及数据资源的不断集中，数据规模将会快速增长。

（11）科教数据。是指反映我国科技、文化等方面的积累，以及教育基础设施和教育发展情况的数据，是反映我国长期以来积累的宝贵财富和"软实力"的重要因素。这些数据主要归口于国家科技部、教育部。科技部数据主要包含国家科技计划项目信息、重要科技基础条件资源信息，其中科技基础条件资源信息占主要部分。该部分包含了研究实验基地、大型科学仪器设备、科学文献、自然科技资源、科学数据、网络科技环境、科技成果转化公共服务等7大领域数据。教育部数据主要包括各类教育的学生、学校、教师信息，其中高等教育学生信息已基本实现信息集中化，主要有高等教育学生学籍、学历信息。随着国家基础科技共享平台以及"金教工程"建设的加快，数据规模将有所增长。

（12）文化数据。是指记录中华民族历史、地理、风土人情、传统习俗、生活方式、文学艺术、行为规范、思维方式、价值观念等的相关数据。这些数据主要来自中国国家图书馆、中国国家博物馆以及国家档案局。主要有中国国家图书馆的图书数字信息资源，中国国家博物馆的收藏、古代史和文物研究、考古、展览、文化交流等数字信息资源，以及国家档案局的党和国家重要档案信息与经济科技档案信息等。随着图书、档案数字化程度的提高，数据规模将会以更快的速度增长。

1.4 城市治理给大数据提供的机会

城市治理给大数据提供了绝佳的用武之地，能使其实现质的飞越。

首先，提供了数据源。城市拥有庞大的人口总量、较高的人口密度、完善的基础设施，其日常运行产生了源源不断的数据。城市道路上的摄像头记录下每天经过的车流和人流，市民手中的公共交通卡在乘坐公交、地铁时都会留下刷卡记录。到 2015 年，上海公交卡的流通量已经超过 5 800 万张，市民的刷卡记录就是一个公共交通数据集，充分挖掘该数据集可以为城市规划、交通规划、商业网点布局提供参考。这些海量的数据给大数据提供了源源不断的原材料。

其次，提供了商业机会。我国大中城市不同程度地存在着"城市病"。在解决"城市病"方面，传统的技术手段已难以应对，城市治理对于大数据存在巨大的市场需求。基于大数据的解决方案一般造价不菲，政府强大的购买力能创造很大的市场机会，吸引行业精英来此耕耘和创新。根据 Tranbbs 发布的《2015 年中国城市智能交通市场研究报告》，2014 年包含电子警察、卡口、交通视频监控、交通采集与诱导、交通信号控制、交通类平台、GPS 与警用系统、出租车信息服务管理系统、客运枢纽信息化、智能公交在内的 10 个细分行业市场规模为 246 亿元，同比增长 25%。

第三，提供了丰富的应用场景。大数据只有持续不断地拓展应用才能持续提升技术水平，实现其商业价值。城市提供了诸如交通、医疗卫生、公共安全、生态环境等丰富的应用场景，在这些应用场景中，能开发出各种解决方案，积累大量的知识库，实现大数据技术自身的飞跃。

2 大数据为提升城市治理水平提供了契机

2.1 大数据概念

大数据（Big Data）的概念界定很多，广泛传播的是知名咨询机构麦肯锡给出的定义：一种规模大到在获取、存储、管理、分析方面大大超出了传统数据库软件工具能力范围的数据集合，具有海量的数据规模、快速的数据流转、多样的数据类型和价值密度低四大特征。事实上，将其定义为一种数据集合，已经失于狭隘。随着热度不断提高，大数据已经不仅是数据集，而是一种数据（信息）收集、处理和应用的模式。

大数据不仅包括大规模的、动态的、实时的、全面的数据，而且包括相互关联的、成本低的数据集。图灵奖得主吉姆·格雷（Jim Gray）将大数据视为科学研究第四类范式，这四类范式依次为实验归纳、模型推演、仿真模拟和数据密集型科学发现（Data-Intensive Scientific Discovery）。其中，"数据密集型"也就是"大数据"。大数据使得数据科学实现了从数据缺乏到数据丰富，静态快照到动态展开，简单聚集到高分辨，相对简单的假设和模型到更复杂、精细的模拟和理论的跨越。

2.2 大数据在城市治理中的作用

进入大数据时代，传统管理技术和手段力不从心，大数据成为缓解"城市病"重要的备选方案。尤其我国城市处于由管理向治理的转型期，应用大数据具有重要的意义。

第一，提高城市治理决策科学性。城市运行会产生大量的数据，比如交通数据、人口数据、社保数据、医疗数据，等等。通过对这些数据的挖掘，能发现很多城市运行的规律，并能对发展趋势进行准确的预测，从而为决策提供依据。例如，城市公共自行车的布局，可以根据交通数据、人口数据、商业网点数据乃至社交网络数据，综合分析网点如何布置，以及配备多少辆自行车。

第二，提高市民满意度。我国处于快速城市化阶段，很多公共服务难以满足市民需求，比如交通拥堵、医疗卫生资源稀缺、公共安全难保障等。传统的技术手段很难有效解决这些问题，甚至带来了一些财政支出的浪费。随着大数据技术的深入应用，很多问题都可以解决。比如公共安全问题，通过大数据分析，可以提高出警效率、加快案件侦破速度，甚至预防犯罪。在充分了解民生需求的前提下，科学合理地完善公共服务体系，将大大提高市民满意度。

第三，完善城市治理架构。大数据的应用需要政府支持，更需要广大市民参与，才能提供源源不断的数据源，发现城市运行中的各种 bug，从而逐步提高城市治理水平。在此过程中，必需也必将培育良好的大众参与机制和氛围，从而完善城市的治理架构。

2.3　大数据将激活城市数据资源

大数据已广泛应用于农业、交通、金融、医疗、环保、教育、保险、物流等方面，其在促进经济发展、管理模式变革的同时，也成为解决民生问题的重要工具，应用大数据成为了全球主要城市的发展共识。大数据为人们了解城市的方方面面提供了前所未有的契机，使人们更好地理解城市的运行，并为基础设施布局优化提供科学依据。

大数据将自然数据和社会经济数据整合以供研究：交通数据反映了人们的去向；销售和交易数据反映了他们将会看到什么、做什么，以及买什么；社交网站反映了人们的想法以及他们每时每刻想法的变化。此外，此类数据为一般的社会现象（如犯罪、娱乐方式或者能源使用）研究提供了巨大的机会。上文提及的主要数据可能的应用价值如表 2-1 所示。

以往很多数据只是在很狭窄的范围内被使用，有的甚至处于睡眠状态，没有被使用。如今，大数据使得很多城市数据资源枯木逢春。如城市道路上的摄像头，以往主要进行超速拍照，没有其他用途。现在通过整合多个摄像头的视频记录，可用于道路交通信号灯布局优化、商业网点布局优化，甚至用于预防犯罪。

表 2-1　部分城市数据资源可能的用途

数据类型	用途
迁移和位置数据	测量城市移民 勘察自然灾害发生时人口流动状况 确定社会服务不充分的居住区 勘察人类行为，如外出就餐习惯，并将其与健康结果相关联，如糖尿病
交通运输数据	优化操作（例如，交通流、实用负荷） 制定合理的基础设施计划（例如，公交、地铁线路设计） 检查分配和健康事件模式（例如，疾病监测和筛选）
能量数据	实践温室气体排放所要求的监测、报告和验证 探测危险（例如，天然气泄漏）应急处理 建立建筑物及器械的能源效率标准 使用行为知识鼓励提高能源使用效率
参政数据	市民政治倾向分析 公共政策制定 意识形态工作
商业信息	经济形势研判 财政政策制定 产业政策制定
健康信息	公共卫生设施布局 疾病防御 疾病治疗
政府运行数据	政府公信力塑造 政府效率提高 政府运行成本控制

2.4　大数据可能带来的弊病

大数据丰富了人们关于城市治理的认知，提高了城市治理能力和治理水平，也为城市决策制定提供了新的机会。然而，大数据也是双刃剑，存在一些弊端。

首先，它最明显的弊端在于容易侵犯隐私。现代城市很容易确定某人之前和现在的位置，若基于此提供导航、建议最佳路线、推荐附近的商品、避免自然灾害等服务，无疑给人们提供了极大的便利。但当这一能力用于主动、持续地对某人进行跟踪定位的话，无疑是对个人隐私的严重侵犯。美国最高法院法官索托马约尔（Sotomayor）也明确指出，这是对"隐私权合理期待"的侵犯。

第二，存在被遗忘的人群。例如，英国伦敦大学学院高级空间分析中心正在研究使用智能"Oyster"公交卡出入大伦敦的城市交通系统（公交、地铁、火车和高架重轨）的数据记录。研究时长为 2011—2012 年的六个月，有 10 亿条左右的记录。数据分析的结果与实际情况存在一定的偏差，原来，大约 85% 的人使用该卡。一些旅游者和买不起卡的人并没有使用该卡。这些人群数据的缺失，使得数据集的分析结论有一定的片面性。因此，政策制定时，如果完全依赖大数据，将不可避免地出现一些错误。

第2篇　城市治理如何应用大数据

在过去 20 年里，信息通信技术（Information Communication Technologys，ICTs）对城市基础设施、经济活动、日常生活产生的影响无处不在，且日益深远。以 ICTs 作为发展战略的前卫城市，将数字化基础设施和系统嵌入到城市建筑，并先后冠上"数字城市"、"智慧都市"的标签。这些标签的内核，就是大数据在各个领域的应用。

如果说道路、桥梁、楼舍构成了城市的物理骨骼，随着云计算、大数据、物联网的兴起，新兴的云计算技术就是城市在精神层面的神经中枢，海量的数据是城市的血液，互联网和移动互联网是城市的血管，大数据应用是城市的心脏。这是一个技术应用打破社会传统，改变人的传统思维，创设新的工作和生活方式，推动社会经济进入全新阶段的时代。

我国处于快速城市化阶段，人口的快速涌入使得城市治理复杂程度激增。本篇通过分析国内外城市治理大数据应用的典型案例，介绍大数据主要应用领域、开发运营模式以及应用时序，并对交通、生态环境、治安管理、医疗卫生等领域的应用进行详细介绍。

3 中国城市治理之痛

我国大大小小有逾600个城市，不同的城市可能有其自身的特点，但是城市治理方面存在的问题大同小异。城市治理水平的高低，关键的评判人是该市的市民。当前，我国市民向政府表达意见和诉求的渠道很多，电话、网络、邮寄信件、直接拜访等。下面选择北京作为案例，分析当前市民反映城市治理存在的主要问题。

3.1 网络成为市民意见反馈的主渠道

根据《2015年第37次中国互联网络发展状况统计报告》，截至2015年12月，我国网民规模达6.88亿，全年共计新增网民3 951万人。互联网普及率为50.3%，较2014年底提升了2.4个百分点。尤其是移动互联网的普及迅速，2015年新网民最主要的上网设备是手机，使用率为71.5%，较2014年底提升了7.4个百分点。随着互联网的日益普及，网络渠道成为中国信访的重要途径。网上信访比例持续上升，2015年占全国信访总量的40.1%[①]。

本文数据来源于北京市网络信访平台。该市有两个主要的网络信访平台，其一是该市"市长信箱"（szxx. beijing. gov. cn）。但是，2015年"市长信箱"遭到黑客攻击之后，停止运行将近10个月，之后采取了仅在工作日工作时间内开通的做法，网络信访的能力和影响力大为下降。该市另一个主要网络信访渠道即挂靠在"首都之窗"的"政风行风热线"（http：//rexianbeijinggov. cn/），这是本书的数据来源。该平台2007年作为中国首家省级网络信访平台正式运行，创办以来即受到中国政府、该市政府

---

① http：//news. xinhuanet. com/politics/2016-05/05/c_ 128960081. htm.

和市民的广泛关注。该市纪检监察局对平台进行业务指导，形成了固定的工作机制。该平台接收的各类信件，由纪检监察局督促相关单位办理，办理情况将计入各单位年终绩效考评中。据统计，2005—2015 年来累计接受市民各类来信 307 474 封；以访谈的形式，制作了 474 期视频节目，由该市委办局党政一把手集中回应市民诉求，累计获得网民超亿次点击。其中 2015 年接收市民来信 27 931 封，政府单位办理办结信件数 25 257，办结率为 86.32%。该平台与该市党政机关的良好协作确保了政府各部门在该平台上回应的积极性。该平台拥有政府和市民广泛的关注度，能集中反映该市网络信访诉求及回应的全貌。此外，该平台数据透明可查，不仅是中国网络信访的标杆，也为相关学术研究提供了大量素材。

　　将 2005—2015 年的信件导出后，剔除了一些重复提交的信件和无实质内容的信件，各年收到的有效信件数量如下图 3-1 所示。由图可见，历年的来信量虽然有些波动，整体在两万件以上。

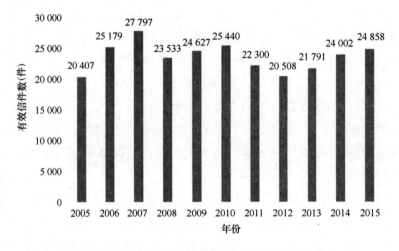

图 3-1　2005—2015 年《首都之窗》收到的有效信件

3.2　市民来信的高频词

　　由于数据量比较大，采用 r 语言的文本挖掘包进行分析。加载了搜狗的多个细胞词库，对信件进行了分词，并统计了词频（具体的分析过程略过）。图 3-2 是每封信分词后的词汇数量，由图可见，绝大部分信件词汇数量低于 200 个，词汇量在 100 以下的信件占了将近 60%。

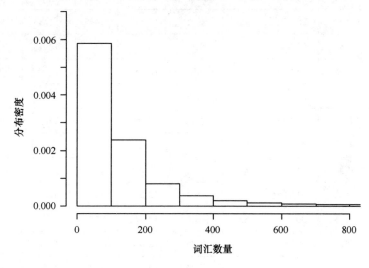

图 3-2　词汇数据分布直方图

　　根据汉语特点，去掉了单字词，并经过停词处理之后，词频最高的 200 个词的词频占所有词词频之和的 59.7%。词频最高的 200 个词降序排列如下表 3-1 所示。看看这些高频词，北京市民反映问题最多的领域和区域一目了然。

表 3-1　词频最高的 200 个词

排序	词	词频	排序	词	词频	排序	词	词频
1	小区	111 083	68	经济	14 050	135	设施	9 503
2	公交	81 728	69	垃圾	13 907	136	符合	9 447
3	交通	45 963	70	马路	13 763	137	居委会	9 433
4	物业	45 951	71	工资	13 636	138	行驶	9 259
5	业主	40 984	72	家园	13 374	139	污染	9 258
6	户口	40 529	73	改造	13 328	140	执行	9 154

排序	词	词频	排序	词	词频	排序	词	词频
7	规定	39 324	74	昌平	13 266	141	进入	9 148
8	管理	38 579	75	安装	13 194	142	黑车	9 049
9	车辆	35 080	76	职工	13 140	143	告诉	9 033
10	线路	33 955	77	朝阳	13 031	144	公安	9 013
11	电话	33 918	78	拥堵	12 984	145	路段	8 962
12	乘客	33 824	79	大兴	12 763	146	路上	8 922
13	服务	33 097	80	警察	12 751	147	和谐	8 896
14	道路	31 264	81	手续	12 700	148	关注	8 891
15	地铁	31 202	82	公园	12 672	149	面积	8 875
16	投诉	30 465	83	派出所	12 672	150	房产	8 820
17	建设	30 363	84	干部	12 656	151	检查	8 754
18	拆迁	30 332	85	住房	12 566	152	换乘	8 736
19	环境	30 035	86	首都	12 463	153	调整	8 662
20	方便	29 962	87	上班	12 448	154	劳动	8 654
21	生活	29 638	88	合理	12 445	155	解释	8 626
22	孩子	29 244	89	标准	12 410	156	享受	8 520
23	出行	26 876	90	汽车	12 319	157	活动	8 457
24	规划	23 824	91	负责	12 318	158	事故	8 449
25	违法	23 097	92	城市	12 276	159	教师	8 444
26	海淀区	22 602	93	通知	12 171	160	检测	8 428
27	社会	22 286	94	学生	12 157	161	现场	8 427
28	医院	22 201	95	法律	12 070	162	清楚	8 408
29	建筑	22 045	96	老人	12 009	163	觉得	8 391
30	路口	21 941	97	拆除	11 986	164	局长	8 383
31	城管	21 484	98	教育	11 910	165	丰台	8 376

续表

排序	词	词频	排序	词	词频	排序	词	词频
32	工程	21 187	99	高峰	11 827	166	实施	8 366
33	房屋	21 032	100	土地	11 728	167	档案	8 347
34	群众	21 025	101	机动车	11 602	168	代表	8 344
35	安全	20 734	102	行人	11 595	169	依法	8 334
36	施工	20 549	103	开通	11 435	170	市政府	8 320
37	举报	20 371	104	费用	11 319	171	全部	8 301
38	停车	20 233	105	外地	11 315	172	停车场	8 262
39	学校	19 963	106	空调	11 298	173	小学	8 218
40	朝阳区	19 415	107	乘坐	11 292	174	购买	8 217
41	百姓	19 224	108	信访	11 189	175	位于	8 178
42	居住	18 977	109	利益	11 121	176	市场	8 140
43	街道	18 828	110	行政	11 110	177	手机	8 129
44	信件	18 403	111	住户	11 063	178	集体	8 122
45	司机	18 224	112	非法	10 801	179	通州	8 084
46	村民	17 944	113	建委	10 536	180	扰民	8 053
47	执法	17 835	114	热线	10 404	181	打电话	8 037
48	申请	17 607	115	人口	10 377	182	通行	8 015
49	社区	17 487	116	材料	10 218	183	公开	8 003
50	开发商	17 410	117	合法	10 196	184	违反	7 979
51	房子	16 801	118	自行车	10 151	185	家庭	7 957
52	正常	16 771	119	噪音	10 087	186	距离	7 931
53	证明	16 207	120	民警	10 060	187	快速	7 929
54	号线	16 089	121	卫生	9 990	188	供暖	7 926
55	市民	15 970	122	幼儿园	9 972	189	办事	7 913
56	收费	15 959	123	社保	9 967	190	位置	7 889

续表

排序	词	词频	排序	词	词频	排序	词	词频
57	调查	15 850	124	网站	9 934	191	困难	7 884
58	丰台区	15 519	125	门口	9 790	192	顺义	7 863
59	公共	15 487	126	出租	9 745	193	退休	7 845
60	企业	15 371	127	出来	9 723	194	治理	7 839
61	政策	15 364	128	设备	9 711	195	监督	7 821
62	信息	15 149	129	开发	9 671	196	车道	7 782
63	内容	14 920	130	发展	9 642	197	运营	7 779
64	经营	14 661	131	态度	9 599	198	通道	7 738
65	违章	14 567	132	海淀	9 579	199	网上	7 702
66	合同	14 467	133	补偿	9 563	200	市政	7 697
67	车站	14 441	134	适用	9 559			

根据词条及词频，在专业的词云绘制网站 http：//www. tagxedo. com/app. html 绘制了词云如图 3-3。由图可见，市民们投诉的焦点问题是居住环境、户口、交通、拆迁等问题。

图 3-3　词云图

3.3　市民反映的主要问题

除了首都之窗提供的网络平台，北京市受理市民反映城市治理问题的另一途径是市非紧急救助服务中心。根据该中心网站公布的数据，2013 年共受理群众反映城市管理来电 807 712 件，2014 年受理同类来电 976 011 件，排在前十位的问题基本一致：交通管理、违法建设、供暖、市场管理、大气污染、市容环卫、供水、施工管理、房屋修缮、供电。

无论是首都之窗还是市非紧急救助服务中心，市民在上面反映的问题大体一致，综合整理问题如下。

3.3.1　违法建设问题

人口迅速在城市集聚催生了"瓦片经济"。"瓦片经济"是指在城市和农村的城乡结合区域，老百姓通过出租房屋，维持生计的一种经济方式。由于多为各家各户老百姓增盖一些瓦片房对外出租，赚取租金养家糊口，俗称"吃瓦片"。这些增盖的房屋大多是违法（章）建筑，简称违建。违建给城市带来了重大的危害。一是侵犯公共空间。违章建筑都需要一定的空间，它直接占用了大量的公共空间，损害公共利益。二是增加安全隐患。由于违章建筑多为简易结构，随时都会发生事故，已经成为城市火灾主要发生地。三是影响社会稳定。一方面容易造成邻里纠纷，另一方面经常出租给无业游民甚至不法分子，给他们提供了容身之所。

市民主要反映，为了多收租金，或者为多拿拆迁补偿，城乡结合部和待拆迁地区扩建、翻建、违建盛行；农村中一些地方通过私订协议、以租代征利用集体土地或耕地违规建房租给私人经营，牵扯经济利益较大，涉及人数众多，但相关部门执法力度小，造成历史遗留问题多。

3.3.2　交通出行难

交通拥堵成为了国内大中城市的顽疾，甚至小城市也深受其害，北京则是首当其冲。首都被戏称为"首堵"，"道路堵、地铁挤、公交慢、停车难"的城市"交通病"十分严重（图 3-4）。

区域名称	交通指数	拥堵等级	平均速度
全路网	5.3	轻度拥堵	28.0
二环内	7.1	中度拥堵	23.0
二环至三环	4.6	轻度拥堵	28.7
三环至四环	4.7	轻度拥堵	30.1
四环至五环	5.8	轻度拥堵	27.4
东城区	5.9	轻度拥堵	23.0
西城区	7.1	中度拥堵	23.1
海淀区	5.1	轻度拥堵	27.2
朝阳区	7.0	中度拥堵	26.4
丰台区	2.2	基本畅通	34.9
石景山区	2.2	基本畅通	30.2

图 3-4 2016 年 9 月 19 日 9：40 北京交通指数

市民不断打电话抱怨，车辆尾号限行措施仍未有效缓解交通拥堵状况。人口密度大的小区，不断有市民反映大量私家车违章占路停车。一些住老旧小区的市民则反映有人私设地锁，这些小区一般都没有正规的物业管理公司，没法处置私自安装的地锁。此外，很多市民反映黑车、黑摩的等扰乱交通秩序，公交地铁早晚高峰过于拥挤、乘车难，个别路段画线、安装摄像头和红绿灯等交通设施不合理、不完善等。

3.3.3 大气、环境质量差

近几年，北京已经从世界卫生组织全球空气污染最严重的城市名单中跳出了前 20 名。这一方面反映了北京的空气质量确实有所改善，另一方面是由于印度主要城市空气质量的进一步恶化，才使北京排名后移。然而，空气污染依然是市民抱怨的重点之一。市民反映主要有：城区内机动车尾气排放量巨大成为雾霾天气"元凶"；大型垃圾填埋厂异味常年得不到根治；凉水河、清河、小月河以及温榆河等河道水质反复污染、散发臭味；一些地区焚烧垃圾行为屡禁不止为雾霾天气"雪上加霜"；露天烧烤大排档也是造成环境污染的一大原因。

3.3.4　"看病难、看病贵"

大医院挂号难。2016 年初，一段"外地女子北京看病怒斥黄牛"的视频在微博刷屏。一位年轻姑娘在北京某医院排了一天队，没挂到一个标价 300 的专家号，黄牛手里有号，要卖 4500。姑娘怒了，声泪俱下地控诉。这一热点事件在网络迅速发酵，引起了网上激烈的口水战。使得本已严重的医患矛盾再一次被推向了前端。北京各大医院迅速加大票贩子的打击力度，不少票贩子被公安局逮捕。事实上，只要供需缺口在，这种打击票贩子的行动就是治标不治本。

社区医院水平低。社区医院缺医少药、诊疗水平有限。市民反映社区医院乱开药、开错药的情况不少，期盼医疗服务水平得到明显改善。医生水平的提高与问诊病人人数基本正相关。很多社区医院门可罗雀，病人对于社区医院的不信任，使得社区医院医生问诊病人减少，收入也随之降低，这不仅不利于他们医疗、医术水平的提高，还会影响他们工作的积极性。

费用高的诉求攀升。主要意见和不满反应在"个人负担比例过高"、"公立医院不应以盈利为目的"、"以药养医"等。

也有不少市民反映热门医院周边停车难。知名医院建院年份久，开始建院之初甚至没有想到能吸引这么多病人，更不用说前瞻性的设置大量停车位。这就使得医院附近成为区域的堵点。

3.3.5　公共安全

（1）暴力恐怖事件。市民对公共安全事件普遍希望和关注的内容包括：希望有关部门加强对管制刀具销售和使用的检查，消除安全隐患。希望地铁安检措施能够真正起到防护作用，维护公共交通设施的安全秩序和正常运营。希望加强对重点区域的巡查，公安、安保部门适当安排人员加强对学校、商场等人员密集区域的巡查，让老百姓在公共场所有安全感。希望学校加强对学生的安全教育，让孩子有自我保护意识。呼吁政府对全民进行反恐教育，让恐怖分子无安身之地。

（2）消防安全。主要问题包括居民占用楼内公共空间、通道堆放杂物以及易燃物品；居民占用消防通道停车，私装地锁影响应急车辆通行和紧急情况疏散；消防设施有缺损，增补更换不及时等。

（3）交通安全。老年代步车数量激增，市民希望出台监管政策措施的呼声越来越高。呼吁有关部门尽早出台相关政策和措施，在代步车生产、销售、准入、使用范围、行驶区域管理等方面加强监管。

3.3.6　公共服务

（1）供暖服务。居民反映多年来家中温度不达标的情况依然存在，虽然年年反映，但仍没有改观，希望政府加大协调力度，彻底解决供暖不达标问题。

（2）供水。大部分区县均有一些地区存在供水紧张的问题，主要反映在水压低、管线改造不成功、需自备井供水等情况。一些地区水质差，不能饮用，居民长期反映未解决。黑作坊私自灌制桶装水，水质量不能保证。

（3）公园管理。希望严格控制园内机动车出入，保证游客游园安全。彻底整治公园内私人高档会所，早日还园于民。公园减少商业经营，还空间给民众。加大对公园不文明行为的整治力度。

（4）旅游服务。一度违法建设滑雪场的现象愈演愈烈，开山毁林、平地造坡，破坏了环境，牺牲了耕地。北京作为国际化大都市，可以适度建设规范标准的滑雪场，但要坚决治理小散乱的违法滑雪场，保护环境和耕地。此外，延庆冰灯展期间，由于客流较大，等待乘坐摆渡车的游客近千人，而现场工作人员过少，不足以维持正常秩序，现场特别混乱，甚至因为争抢上车发生了动手打人的行为。市民希望针对类似的夜间大型活动，保障工作应考虑更全面，服务更到位。

3.3.7　"多头"、"无头"管理

反映的问题主要集中在路面坑洼破损、排污设施排水不畅污水堵塞外溢、地下通道日常管护不足、跨河桥破损失修、铁路涵洞照明故障与积水、线杆电缆垂落无人管理、未安装路灯或路灯不亮等方面。此类问题经常引起市民反复来电，这主要是由于相关政策法规不完善，管辖权属不

清、监管不力，多部门职能交叉，同一问题"多头"、"无头"管理，具体办理落实不明确，导致最终形成复杂疑难诉求，问题久拖不决。

3.3.8　城市噪声污染和扰民

市民主要反映：夜间施工噪音、工业生产噪音、交通运输噪音和社会生活噪音等方面。夜间施工噪音、施工现场夜间强光照明等问题一直严重影响市民休息，监管、执法力度不足，相关问题得不到有效处置，使市民产生不满情绪。大货车晚间运输噪音、装卸渣土噪音、城市道路车辆行驶噪音等交通运输噪音扰民，和商家使用音箱高分贝促销、露天广场舞噪音超标等问题也日渐突出，尤其是新建高架桥、快速路道路交通噪音严重。市民呼吁从源头上控制城市噪音污染，还居民和谐安静的生活环境。

3.3.9　市场管理问题

市民主要反映：希望大型农贸批发市场设置专门检测农药残留的检查站，规范市场，督促菜农少用农药和化肥，希望政府有关部门严格把关超市进货渠道，加强对经营行为的监管，让群众"吃得放心"。另外网络购物假冒伪劣产品较多，需加强对网络购物监管。

4 中国城市治理大数据
应用总体设计

4.1 国外案例

4.1.1 案例梳理

在过去的 20 年里，人类社会经历了数据爆炸。一方面，城市在这些数据产生的过程中起到了关键的作用，交通、金融、社保等数据大多在城市产生；另一方面，这些数据又被用来重新构建和规范城市生活的方方面面，例如公共政策制定、公共设施布局等。对这些巨大的、多样的、动态的和相互联系的数据集合进行挖掘，是智慧城市产生的基础。国际上很多城市都声称利用大数据建设智慧城市，并在某些领域取得了一定的实效，具有代表性的如表 4-1：

表 4-1　城市治理大数据应用案例

领域	案例	背景内容	数据来源	作用效果
公共设施	夏威夷"领养警报器"	夏威夷到处都有防海啸的警报器,而这些警报器里的电池经常被偷,政府无法准确掌握各个报警器在紧急状况下能否使用	Code for America 公司开发了一个"领养报警器"的系统,数据来源于所有报警器	及时获取所有报警器的实时数据。目前,该程序已经在 9 个不同的城市以不同的形态出现,如波士顿领养"消防栓"、芝加哥"领养"人行道等
	拉斯维加斯城市管网	拉斯维加斯因未能全面掌握市政管网信息而时常发生被施工活动误挖的情况;利用大数据开发了城市的市政基础设施网络仿真模型	VTN 公司利用 Autodesk 的技术生成一个三维实时模型	通过模型观察路面和地下的各种管线设施,实时掌握地下关键资产的位置和状况
	加州电网系统运营中心	加州电网系统运营中心管理着加州超过 80% 的电网,向 3 500 万用户每年输送 2.89 亿兆瓦电力,海量的数据提高了管理难度	天气、传感器、计量设备等各种数据源的海量数据;3 500 万用户用电数据	平衡全网电力供应和需求;对潜在危机做出快速响应;通过可视化界面,用户可以优化利用电力能源
	西雅图用大数据节电	西雅图是美国西北部地区耗电量最大的城市,根据《福布斯》发布的对全球 150 个大城市年耗电量的统计,西雅图位于全球耗电量第 20 位。为此,西雅图市政府与微软、埃森哲试点大数据电力节能项目	四个主要城区的电力管理系统的数百个数据集;PSE 公司提供的用电数据,包括家庭耗电量统计及对各类家用电器的用电行为习惯的分类数据	对数据进行运算处理,再通过预测分析工具,寻找具有可行性的节能方案;力图将耗电量降低 25%

领域	案例	背景内容	数据来源	作用效果
交通管理	缓解停车难问题	SpotHero 是一个手机应用，能够根据用户的位置和目的地，实时跟踪停车位数量变化	入网城市的可用车库或停车位，以及相对应的价格、时间、区间等相关数据；以往不同时间段的停车位情况分析；其他用户可能到达并抢占停车位	华盛顿、纽约、芝加哥、巴尔地摩、波士顿、密尔沃基和纽瓦克等 7 个城市的停车位得到实时监控
	里昂用大数据治堵	里昂政府为了避免交通堵塞的发生，减少堵车对市民的影响，应用 IBM 开发的"决策支持系统优化器"，根据相关数据做出决策，帮助应对解决意料之外的交通事故，并优化公共交通	实时交通报告，包括大量的交通摄像头数据、信号灯数据、天气数据等；通过对过去的成功处置方案"学习"得到的数据	通过及时调整信号灯使车流以最高效率运行；辅助处理突发事件；预测可能发生的拥堵情况
	波士顿交通大数据	IBM 应用大数据来治理波士顿的交通	现有交通数据，以及来自社交媒体（Twitter）的新数据源；交通信号灯、二氧化碳传感器和汽车的相关数据等	能够帮助乘客重新调整路线，节省时间，节省汽油

领域	案例	背景内容	数据来源	作用效果
治安管理	波士顿大爆炸侦破	2013 年，波士顿国际马拉松赛现场发生了连环爆炸弹袭击事件；为加速侦破案件，FBI 在波士顿马拉松爆炸事件案发现场附近采集了 10TB 左右的数据	移动基站存储的电话通讯记录；周边摄像头的监控录像和志愿者提供的影像资料；大量社交媒体出现的相关照片、录像等	调查人员通过比对、查找和分析，最终确定了犯罪嫌疑人
	大数据预防犯罪	南卡罗来纳州查尔斯顿，警方利用 IBM 的数据分析工具，帮助当地警察更加准确地进行犯罪模式分析	指纹、掌纹、人脸图像、签名等一系列生物信息识别数据；归档数据、所有相关的图像记录以及案件卷宗等信息	有助于收集犯罪线索、按地区犯罪热度预防犯罪；通过对罪犯在假释或缓刑期间的犯罪可能性的预测，为法庭相关条款制定作参考
灾害预警	纽约利用大数据防火	纽约每年有近 3 000 栋建筑因火灾损毁；消防人员的救援有碍于纽约的城市复杂度；防火重于救火	100 万栋建筑物相关数据，包括居民收入水平、建筑物年份、电气性能情况等	通过数据运算，对建筑物的火险概率依次排列；实施当年火灾发生率下降了约 24%

4.1.2　应用领域

由表 4-1 可知，国际上在公共设施管理、交通管理、治安管理、灾害预警等众多领域都有应用大数据的成功案例。在不同的领域应用大数据技术，应用价值、数据来源、技术手段等方面各有其特点。

（1）公共设施管理。该领域大数据技术主要应用于水电管网管理，有利于公共设施的运行维护和资源节能减排。其数据来源主要通过传感器、计量设备等搜集的海量数据，数据类型多样，以非结构化数据①为主。通过对数据的运算分析，实现对公共设施的实时监控、危机排查及快速响应。

（2）交通管理。该领域大数据技术主要应用于公共交通管理，有利于预测市民出行规律，指导公交线路的设计、调整车辆密度等。其数据来源主要为对公交地铁刷卡、停车收费站、信号灯、交通视频摄像头等信息的收集。利用收集的历史数据进行预测，实现对交通调度系统的指挥控制，及时梳理拥堵，有效缓解城市交通负担。

（3）治安管理。该领域大数据技术主要应用于犯罪行为管理，有利于犯罪信息的监控与实时分析、犯罪模式分析与犯罪趋势预测。其数据来源主要为视频摄像头、社交网站、移动基站的通讯记录以及以往案件中犯罪嫌疑人的信息等，数据类型多样，以视频、图像数据为主。利用大数据技术进行研判分析，不少城市成功实现了对犯罪案件迅速调查、准确侦破，并起到降低犯罪率的效果。

（4）灾害预警。该领域大数据技术主要应用于消防隐患排查和社会舆情监控等方面，有利于生命财产保护和社会治安维稳。其数据来源于政府掌握的基本信息、对社交网站中关键词的定位监控、卫星对某区域的定位观察和回顾往期数据进行综合分析，数据类型多样，以非结构化数据为主。通过对数据的运算分析，实现对隐患的精准预警，社会舆情的实时监控及快速响应。

4.1.3 开发运营模式

城市治理大数据应用包括两个重要环节：开发和运营。开发方和运营方的主体：Ⅰ是政府同时作为大数据应用的开发方和运营方；Ⅱ是由政府作为开发方，企业作为运营方；Ⅲ是企业作为开发方，政府作为运营方；Ⅳ是企业同时作为开发方和运营方；Ⅴ是社会组织作为开发方，政府作为

---

① 相对于结构化数据（即行数据，存储在数据库里，可以用二维表结构来逻辑表达实现的数据）而言，不方便用数据库二维逻辑表来表现的数据即称为非结构化数据，包括所有格式的办公文档、文本、图片、标准通用标记语言下的子集 XML、HTML、各类报表、图像和音频/视频信息等等。

运营方；VI是社会组织同时作为开发方和运营方。此外，第三部门也是一支重要的力量，将来有可能扮演重要的角色。但是，目前由第三部门参与的成功案例不多。

按开发方和运营方的主体不同，可将开发运营模式分为6类（表4-2）：

表4-2　大数据应用开发运营模式分类

		运营方		
		政府	企业	社会组织
开发方	政府	I	II	–
	企业	III	IV	–
	社会组织	V	–	VI

I类开发运营模式，是由政府同时作为大数据应用的开发方和运营方。在城市治理中，此类模式通常应用于与政府强力部门职责紧密相连的领域，如公共设施管理、治安管理等。该类模式的突出优点在于政府对其具有较强的控制力。基础数据安全等级较高的领域，也适合采用该模式。

II类开发运营模式，是由政府作为大数据应用的开发方，企业作为运营方。在城市治理中，此模式比较少见，原因在于：一方面政府并不擅长大数据应用的开发；另一方面，数据资源具有可复制性、非竞争性、产权模糊性等特性，企业的逐利冲动使得该模式存在较大道德风险。

III类开发运营模式，是由企业作为大数据应用的开发方，政府作为运营方。在城市治理中，此模式采用较多，原因在于企业具有更专业、更高效的大数据应用开发人员。由政府提供数据源并提出需求，企业按需开发，能降低研发的时间和人力成本，提升应用精确度。但数据安全隐患也不可忽视。

IV类开发运营模式，是由企业同时作为大数据应用的开发方和运营方。在城市治理中，此模式也比较常见，尤其在电力、燃气、供水等公用事业领域。企业有自己的数据收集渠道，具备数据基础；大数据应用可以节约成本、增加收益，企业也有足够的应用动力。该模式存在隐私保护方面的隐患。此外，企业前期需要大量投入，可能由于费用不足而中断。从国外经验来看，不少企业在系统研发及运营早期阶段，都有政府给予的补贴。而且在敏感数据获取方面，也需要政府的协助。

Ⅴ类开发运营模式，主要是由国际性的社会组织为了支持某些落后地区的发展，提升落后地区人们的生活水平，捐助开发一些公益性的系统，然后交由当地政府运营。

Ⅵ类开发运营模式，主要是由公益性组织、兴趣类的非营利组织通过众包方式开发系统，并自行运营维护。这类模式一般没有盈利能力，其资金来源有来自捐赠，也有来自政府补贴。

4.2 对我国的启示

应用大数据，提供更丰富的数据来更好的描绘、塑造和预测城市发展的进程，模拟出未来城市发展最有可能的结果，可以提供更为贴切和智能的城市治理水平，提高城市治理效率和可持续发展能力。大数据以一个崭新的、更有条理的、有活力的相互连接方式使一个城市更为可知和可控，提高了管理效率，提升了公共服务水平，同时支持市民广泛参与。它同样为商业活动提供基础设施，发展和刺激新的商业模式，特别是针对服务和知识经济提供有效支撑。根据国外的经验，我国的城市治理应用大数据，需做好以下工作。

4.2.1 明确大数据应用领域及时序

尽管国外在城市管理很多领域的大数据应用都取得了成功，还是应该根据我国实际情况，谨慎选择可能应用大数据的领域，并规划其应用时序。在第3章中介绍了城市治理之痛，可以市民最为关注且技术应用条件成熟的领域为突破口，逐步推进。近期，在公共设施、交通领域，大中城市都具备应用大数据的基础条件；中期，在灾害预警领域可以应用大数据技术；治安管理领域需要使用大量的个人隐私信息，如个人基本信息、违法记录、流动及社交情况等，而且这些数据分散在很多部门，无论是公众还是政府内部都会有阻力，应从长计议。

4.2.2　采用灵活多样的开发运营模式

应根据各领域的特点，确定大数据应用适宜采用的开发运营模式。我国的公共设施基本由国企运营，可以采用模式 IV。在研发及早期运营阶段，政府可以给予财政补贴，激励其进行技术创新，并实现盈利。交通管理方面，可以采用模式 III，采购企业成熟技术开发系统，由政府进行运营维护。治安管理、经济管理方面，应采用模式 I，因为相关基础数据涉及社会稳定、隐私保护、经济发展，不宜让营利性的企业介入。灾害预警方面，可以根据城市具体情况，在模式 I 和 III 之间进行选择。

4.3　城市治理大数据的应用领域梳理

根据第 3 章北京市民反映的城市管理存在的突出问题，借鉴国外的经验，我国应在以下十大领域应用大数据：市容、交通、医疗卫生、生态环境、公共安全、基础设施、教育、文化旅游及体育、物流、劳动就业。将应用领域进一步细化，大数据几乎可以应用于城市治理的方方面面（图 4-1 至图 4-10）。

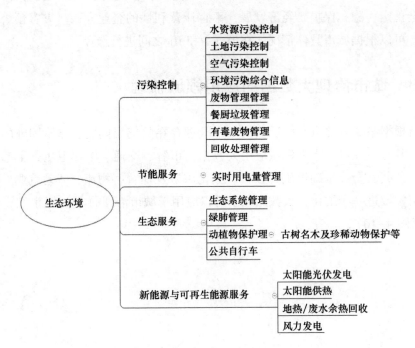

图 4-1　大数据在城市生态环境领域的应用

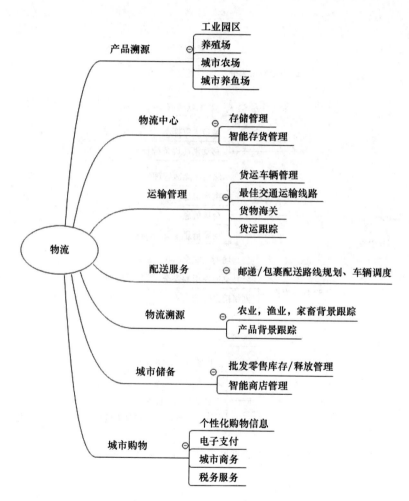

图 4-2 大数据在城市物流领域的应用

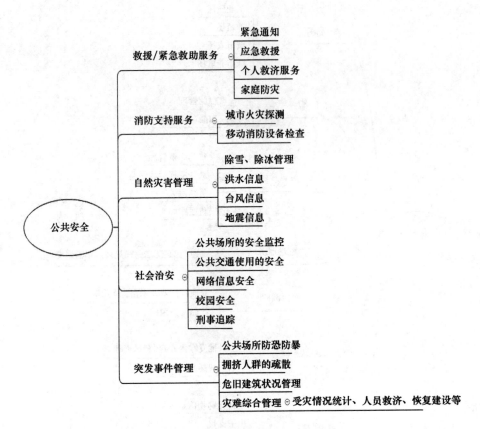

图 4-3 大数据城市公共究全领域的应用

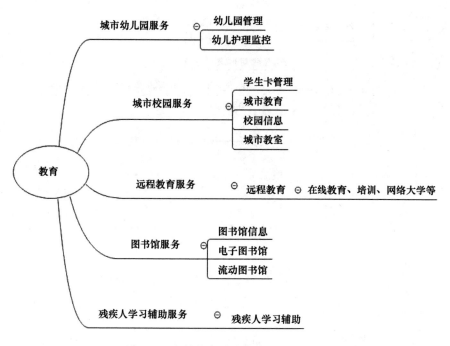

图 4-4　大数数在城市教育领域的应用

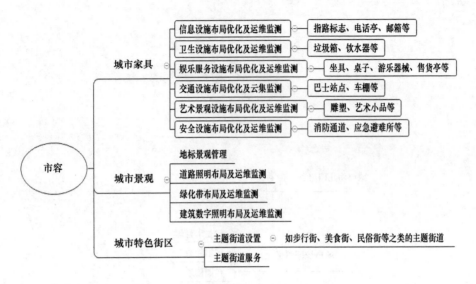

图 4-5　大数据在城市市容领域的应用

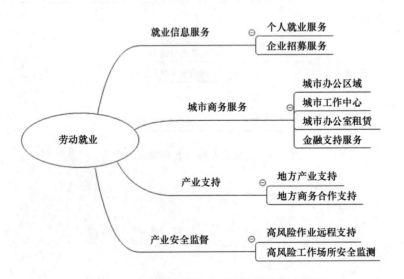

图 4-6　大数据在城市劳动就业领域的应用

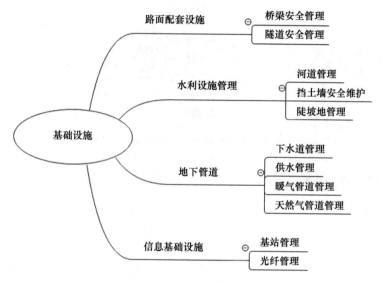

图 4-7　大数据在城市基础设施领域的应用

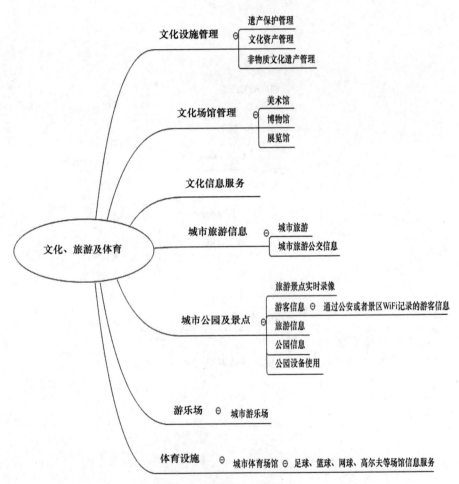

图 4-8　大数据在城市文化、旅游与体育领域的应用

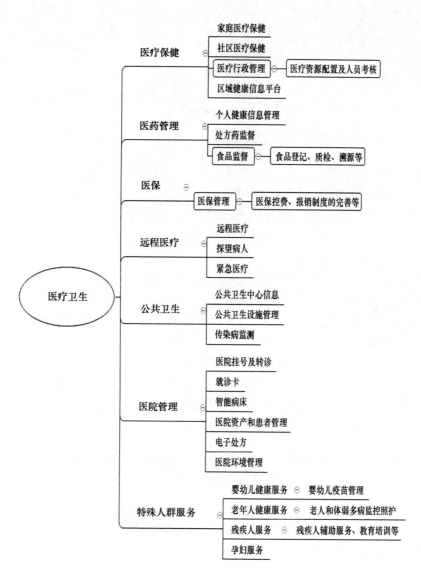

图 4-9　大数据在城市医疗卫生领域的应用

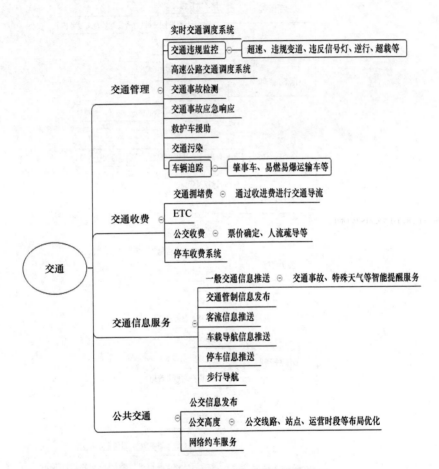

图 4-10　大数据在城市交通领域的应用

4.4　城市治理大数据应用时序评估

国外在城市治理很多领域大数据应用成功的经验表明，各领域应用大数据的时序也是成功的关键因素之一。关于信息技术应用评估国外学者提出了不少模型，其中应用较为广泛的是 Tornatzky 和 Fleischer（1990）提出的新技术应用评估的 TOE 模型。

TOE 模型（英文为 Technology-Organization-Environment），翻译为技术-组织-外部环境模型（图 4-11）。TOE 分析框架具体指：技术背景是指技术是否成熟，以及技术工艺特点是否影响该技术被采纳的进度（Tornatzky & Fleischer，1990）；组织背景涉及一个组织的特性，重点是组织的结构和流程制约或促进新技术的应用；外部环境背景是指组织开展业务的外部因素，如宏观政治经济社会环境、竞争对手、法规等。以上这些背景因素都约束并支持技术创新。

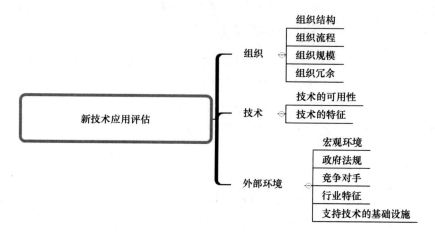

图 4-11　TOE 分析框架图

注：Nohfia 和 Gulati（1996）认为，组织冗余是组织在生产一种给定水平的产出时，超出最低必须的投入所产生的资源存积，包括多余的人员、未使用的资本和不必要的资本费用等超额的投入以及未开发的、能增加产出的各种机会。

具体的评估过程及指标体系十分复杂，需要根据城市的实际情况进行设计和调整，在此不详述。

4.5 城市治理大数据应用开发运营模式选择

城市治理大数据应用的不同领域各有特点，大数据应用的六类不同开发运营模式也各有侧重，确定大数据应用适宜采用的开发运营模式，应将两者结合起来共同考虑，主要考虑以下因素。

4.5.1 应用领域的社会影响

进行模式选择之前，首先应对应用领域的社会影响进行评估。目前尚没有相关的评价指标体系可供借鉴。社会影响主要包括信息安全、隐私保护两个方面。社会影响至关重要的应用领域，即使经济效益可观，往往也不适合采用模式 II 和 IV，交由企业来运营。应由政府或者社会组织进行运营，政府给予补贴。

4.5.2 应用领域的盈利能力

社会影响小的大数据应用领域，才能交给企业运营，有市场化的可能。但是，具备了可能性，具体采用哪种运营模式还需考虑应用领域的盈利能力。应用领域盈利能力强，则不需要政府补贴。否则，政府还得对其进行估算，确定补贴的力度，以吸引企业投资。

4.5.3 关键数据资源归属

大数据的重要基础是数据资源，所有应用都是在数据上做文章。开发运营模式的选择需要分析大数据应用涉及的所有数据资源，分析其中的关键数据资源的归属和产生渠道。如果运营方没有这些数据的获取渠道，开发的系统将没法进行持续运营。

5 城市交通治堵领域的应用

交通拥堵成为城市病的突出表现，是困扰全球城市发展的痼疾之一。如果赶上节假日，本来就拥挤的交通变得更加不堪重负，若是出现雨雪天气，交通就基本瘫痪了。根据 2014 年中国交通部发布的数据显示，交通拥堵带来的经济损失占城市人口可支配收入的 20%，相当于每年国内生产总值（GDP）损失 5%~8%，每年达 2 500 亿元人民币。交通拥堵时，车辆在道路上的平均时速为 15 千米/小时以下，中国科学院可持续发展战略研究成果表明，包括北京、上海等大城市在内的全国 15 个大城市中发生的交通拥堵，每天的相关处理费用达到 10 亿元人民币。加之其带来的环境污染、噪音污染、交通事故等问题，已经让很多市民怨声载道，成为当前城市治理亟待解决的问题之一。

在交通治堵方面，传统技术手段难以应对，大数据提供了治堵新契机。然而，任何技术都是双刃剑，其应用和普及不可能一蹴而就。现有相关研究较多关注于交通法规、城市道路规划以及交通管制等，有的文献也指出了大数据应用的前景，对于具体应用环节及配套措施缺乏深入研究。本章通过国际城市交通治堵大数据应用案例，结合我国实际情况，分析城市交通治堵方面大数据应用领域及配套措施。

5.1 传统的治堵之术

5.1.1 拥堵成因

治堵首先得分析拥堵的病根，大量业界和学界专家都做了相关的研究。归纳起来，主要提出以下原因。

（1）供求矛盾。认为拥堵的根本原因在于不断增长的交通需求与有限的交通供给之间的矛盾。城市汽车保有量越来越多，城市道路建设跟不上汽车数量的增长。

（2）规划失误。主要认为路网结构规划不合理。城市的路网就像是人体的微循环，主干道是主动脉，次干道、支路、巷道则是毛细血管。但是，目前城市的许多支路、巷道有的是"断头路"。此外停车位没有前瞻性的规划，很多道路因停车问题变得狭窄。

（3）管理机制。认为缺乏一种有效利用现有交通容量的机制，如公交场站、线路设置不合理，交通信号灯位置、时长设置不合理，未能合理、及时地疏导交通流量等。

（4）其他原因。如交通事故、天气状况、道路区域施工、特殊天气、交通陋习等。

5.1.2　传统治堵措施

为了治理交通拥堵，各个城市都在积极应对。典型的措施如下：

（1）优化城市空间结构布局。中国城市建设普遍采用一环、二环、三环这种摊大饼的方式，不利于缓解交通拥堵。建立多中心的城市空间结构，避免交通向单一市中心聚集。

（2）完善城市交通规划。交通规划若没有前瞻性，刚建成便可能已经供不应求。应科学预测城市交通需求，在主要道路交叉口全部建立地上地下立体交通，各重要场所设置充足的停车位。

（3）进行交通管制，结合环境经济学的外部性理论，提出交通管制与经济手段相结合的方式，控制道路交通存量和流量。通俗点说，就是控制车辆牌照发放，减少汽车保有量；根据车牌号限行，减少道路行驶车辆。

（4）采用先进技术。利用先进技术，优化交通信号灯的控制、车辆分流控制、交叉口管理控制，加快事故处理，改善交通诱导系统等。

5.2　应用大数据治堵

大数据能更高效和准确地发现交通规律、预测交通状况，从而大大提高交通运行效率，缓解城市道路交通拥堵。目前，国际上已经有不少城市在进行这方面的实践探索。根据当前国际城市实践情况，主要应用于以下领域。

5.2.1　停车管理

（1）应用原因。停车管理是城市道路交通治堵的重要环节。驾驶员到达目的地后寻找停车位主要有三种方式，一是凭借以往经验，二是询问他人，三是通过导航。找到了停车场，是否有停车位还需要进一步的确定；为了比较停车收费高低，驾驶员可能还会多找几家附近的停车场进行比较。传统方法寻找停车位不但费时费力，而且车辆在寻找停车位过程中可能造成交通拥堵。据统计，通常驾驶员平均要花 10 分钟才能找到停车位，这相当于多行驶了 4.5 千米，排放了 1.3 千克的二氧化碳；欧洲城市中心区有近 1/3 的交通量是用来寻找停车位的。

（2）主要功能。应用大数据的停车管理系统主要利用交通摄像头监控系统、GPS 系统、手机客户端以及其他传感器收集数据，进行计算分析，并引导驾驶员停车。该智能系统主要具有以下功能：一是车位感知。使用传感器掌握车位状态，临近传感器间可以进行通信，并被接入到城市的交通管理系统。二是嵌入导航。将车位情况嵌入导航软件，根据目的车位情况，提醒使用者选择合适的停车场以及车位。该系统不但能推荐更经济实惠的停车位，如果目的地车位紧张，还会及时通知驾驶员改乘公共交通工具。三是车位预测。通过记录每天的停车数据，如区域内停车的变化频率、空余时间等，建模分析车位状态变化规律。结合其他的数据，如天气、日期等，它就能够给出停车位状况的预测，指导用户出行。

（3）典型案例。较为典型的案例是德国柏林采用的西门子公司开发的"智能停车管理系统"。它不但具备上述功能，由于传感器采用了雷达，并不会记录清晰的照片，行人的隐私权也得到了极大的保护。

5.2.2　交通信号控制

（1）应用原因。交通信号控制是道路交通正常运行的重要保障，正确合理的交通信号指示可以保证交通的顺畅通行，错误混乱的交通信号指示轻则造成交通拥堵，重则导致交通事故，造成人身财产损失。传统交通信号控制系统将每个路口各个方向的信号灯计时器设置为相同的时间，驾驶员需要按部就班地遵循信号灯指示，以至于在不同方向车流量相差悬殊的情况下仍然保持同样的信号变换周期，严重降低了交通运行效率。

（2）主要功能。应用大数据的交通信号控制系统可以根据道路交通情况对道路设施、交通参与者的信号进行动态调整，以实时、准确、高效地进行综合管理。该系统主要有以下功能：一是采集数据。数据的采集以非结构化数据为主，主要包括交通摄像头数据、卫星俯瞰数据、驾驶人报送数据、周边设施数据、其他远程遥控及感应器数据等。二是通过计算定义模式。通过从交通指挥与调度系统中调取的往期数据，以及实时监控的各类数据，运用大数据技术进行计算和分析，定义出交通状况的基本模式，比如高峰期、平缓期、优先插入等。三是模式自动切换。根据实时数据变化，交叉路口红绿灯会自动切换拟定程序，并做出合理的交通信号灯指示。

（3）典型案例。荷兰的智能交通信号灯系统利用大数据技术，通过远程遥控、感应器和路面行车监视系统协同工作，控制和调整交通信号灯指示，最大限度让车辆快速通行。该系统在设计时还考虑了有轨电车优先、公交车优先、自行车残疾车优先、行人优先等诸多因素。

5.2.3　交通拥堵收费

（1）应用原因。科学合理的道路收费是缓解交通拥堵的重要经济手段，通过不同路段或停车场收费的浮动，指导机动车驾驶员调整出行路线，收费站采用大数据等技术手段大大节省了通行时间，有效缓解道路交通拥堵压力，提高了交通运行效率。

（2）主要功能。城市的交通拥堵收费策略主要通过动态调整道路通行费，即拥堵收费费率随着交通拥堵状况变化，以引导车流实现分流。该系统主要功能：一是实时监控。利用大数据技术，准确、全面掌握交通运行信息，对交通拥堵做出准确评判。二是费率反馈。基于拥堵状况，识别车牌后系统调用数据库中信息，与通过车辆进行匹配，通过车辆类型分类以及实时路况分析，从而输出车辆的收费方案实时反馈给驾驶员，并给出绕行建议。三是智能收费。通过对车辆的识别和系统刷卡付费实现不停车收费，大大节省车辆通过时间。

（3）典型案例。交通拥堵收费政策方面，英国伦敦具有代表性。伦敦采用固定费率的收费方式，并鼓励通过预先建立账户的方式提前预付。当车辆进入收费区域，有足额预付款的直接扣款，预付款没有或者不足的则自动发出催缴通知。

5.2.4　道路设施维护

（1）应用原因。道路设施维护和交通道路保养直接关系到道路行车的安全和效率。然而，广为分布的道路设施和四通八达的交通道路网在维护方面是一个巨大的工程，仅凭借传统方法的工人巡查维护是远远不够的，需要大数据技术的应用和动员社会公众的参与。

（2）主要功能。道路设施维护是大数据应用的创新领域，有的城市采用了众包的方式，充分调动市民的积极性，既解决了市民的需求，又节约了财政资金。该应用的主要功能：一是故障定位。通过摄像头监控、传感器反馈以及民众参与等方式，收集车流量、道路地势、天气环境、保修次数及道路参与者反馈等交通设施相关数据，进行综合分析，迅速定位并进行故障排查。二是维护预警。通过大数据标记设施故障高发路段，为道路设施维护工作建立预警机制。三是信息推送。维护期间可能影响相关人员的道路使用，通过应用参与者及社交媒体，将信息及时推送给相关性较大的人群。

（3）典型案例。美国波士顿开发了一款名为"坑洼街道"（Street Bump）的城市群众外包型手机 APP，使用者可以透过行动装置将所遇到的问题汇报给相关部门，一旦问题得到解决，可收到即时反馈信息。此款应用利用智能手机的加速计和 GPS 功能反馈出坑洼等道路情况，当手机感应器侦测到路面颠簸所产生的撞击时，GPS 系统便记录下所在位置，将信息传送到云端数据库。若有足够的人在相同地点感受到撞击，后台数据处理系统将标记该路段是坑洼路面，并将提供"路平专案"。市政部门通过这种让市民众包参与的新方式获取了当地道路状况的实时地图，该应用既帮助市民找出了比较结实的路面，也为道路维护指明了方向，有利于保证行车安全和道路通畅。

55

5.3　配套措施

新技术的应用推广都会有一个过程，例如当前普遍使用的电力、汽车、电话等都是经过长期的考验才得以推广。在推广过程中，市场的需求拉动很重要，政府的政策推动也同样重要。大数据在城市治理领域的应用，需要政策措施进行引导和规划，扬长避短，造福于市民。

5.3.1　完善大数据应用环境

城市交通领域存在不少行政壁垒，影响了交通资源配置效率。这些壁垒不打破，大数据将无用武之地。就停车而言，不少政府企事业单位停车场仅供内部使用，存在大量的闲置车位。如果利用起来，不仅可以方便市民停车，减少拥堵，也能增加停车费收入。应该将这些车位资源纳入城市车位资源中，引入市场机制，进行统一分配。车辆运营方面，目前国内在打车软件方面有不少创新。然而，无论是专车还是顺风车，都处于灰色地带，并没有被官方认可。这种共享经济形态既有利于提高资源配置效率，又有利于减少拥堵，节能减排，应该冲破利益集团的阻挠，鼓励其发展。

大数据的应用依赖于路面及周边的各种传感器收集数据。传感器的安装及运维涉及多方利益。如果是政府强力推动的，可能阻力较小。然而，国际实践表明，大量的交通大数据应用都是企业推动的，尤其在停车及道路维护方面。如果需要安装传感器，安装位置、供电、与道路广告、清洁、绿化、维护等利益相关方会有利益冲突。政府需要协调好各方利益，推动新技术的应用。

5.3.2　资助技术创新

鼓励企业及个人创新，开发出适合本市道路交通状况的应用程序。支持企业研发，针对城市交通治堵的大数据应用相关项目，通过财政资金加大研发支持力度，避免本可以在其领域大显身手的大数据应用因经费短缺而夭折。补贴企业运营，对于本地化初创企业正在运营的有利于城市治理的系统或者应用，对其正的外部性进行评估，给予后补贴，鼓励其发展。

5.3.3 推进数据开放

数据源是大数据应用开发的基础，数据收集的准确和全面与否直接关系到大数据应用的成败。在交通领域，数据类型丰富多样。按数据产生频率划分，既有实时数据，又有日度、月度、年度数据。按数据内容划分，既有公共交通数据，又有路网、信号灯等数据。目前，国际上有不少城市在进行开放交通数据的实践探索，如新加坡开放了道路交通状况和公交网络方面的数据，如即时速度、高速公路实时监控图像等[①]。多伦多开放了23 个数据集，数据集类型多样且所有数据集均带有许多描述信息，包括停车位、自行车交通网络、公交网络图、月度和年度高低峰期人次统计数据等，还开放了公共自行车、公交实时时刻表和交通状况的实时图像[②]。应用的开发需要基于大量的交通数据，然而我国在交通数据开放方面，尤其是实时数据开放方面力度不大。此外，交通数据分散在不同部门，而部门之间又缺乏数据共享，造成了交通数据资源的条块化分割和信息碎片化等现象极为严重。在数据开放的同时，应加强交通管理各部门之间的协调合作，做到信息共享，数据集中，格式一致。

5.3.4 加强隐私保护

大数据技术迅速发展，个人数据隐私保护越来越受到关注。在交通领域，无论是大数据应用系统还是手机 APP 软件，势必对车辆运行和行人运动的轨迹进行监控和记录，通过大数据技术的处理和分析，可以推算出被记录者的家庭地点、工作场所、出行习惯，甚至可以得出工作职业和人际关系等推论。因此，应出台一系列标准规范加强隐私保护，例如数据采集时，影像文件应对人的面部进行模糊化处理；个人数据应用时，有必要进行匿名或者化名处理。

---

① 参见 http：//www.mytransport.sg/content/mytransport/home.html.
② 参见 http：//www1.toronto.ca/wps/portal/contentonly？ vgnextoid = 7807e03bb8d1e310VgnVCM10000071d60f89RCRD.

5.3.5 做好信息安全防范工作

信息安全防范主要包括两个方面：一方面是大数据应用系统对信息数据的安全收集，通过各种途径收集实时路况信息，做好数据安全性过滤，保证数据的有效、有序；另一方面是对大数据应用数据库信息的安全保管，即严防内部操作人员泄露信息和外部病毒程序入侵而盗取数据信息。此外，应做好灾备，确保遇到突发情况，系统崩溃后能迅速恢复。

5.3.6 提高市民参与度

交通治堵中大数据应用归根结底是对市民的行为和市民所在城市运行中的数据的收集、处理和分析，得出可行性方案，为保证道路交通顺畅做出决策。市民是道路交通的参与者和利益相关者，市民的参与必不可少。市民参与使得城市管理更加透明化、管理效率更高，同时也可以提高市民的满意度和参与感。首先，应利用各种媒体加大对城市交通治堵大数据应用的传播力度，使广大市民了解和熟悉相关的应用。如果应用操作存在难度，还应对市民进行培训，使大部分市民能够熟练操作和运用。当市民参与达到一定的程度后，可以采用众包的模式，例如芝加哥鼓励市民就近"领养人行道"，当人行道被雪埋时短信通知志愿者，志愿者便将自己领养的人行道清扫干净。通过这种模式，政府与市民间可以以大数据应用为纽带，通过社交媒体、手机 APP、广播等媒介进行互动，增进政府和市民间的互信，提升政府工作效率和市民幸福感。

5.4 小结

在梳理国际案例的基础上，对大数据在城市交通治堵的主要应用领域进行了分析，并提出了大数据应用所需的重要的配套措施。这些属于探索性的研究，有很多问题有待深入探讨，如该领域的应用是否属于公共服务，如果由企业提供如何构建可持续的商业模式，如何确保信息安全等。

6 公共安全领域的应用

城市的构成主体是人，城市公共安全与每个人都切实相关。随着人口逐渐向城市集中，大规模、超大规模城市不断出现，城市公共安全面临着严峻挑战。社会治安、刑事案件、事故灾难、恐怖活动等都可能引发危机。将大数据应用于公共安全领域有利于应对危机，能够有效降低公共安全危机发生的概率。

6.1 公共安全新威胁

大数据的应用既给城市的发展带来活力，又给人们的生活带来便捷，同时也为犯罪分子留下了更多的可乘之机。犯罪分子可利用先进的技术，通过网络、数据、软件等不同的信息渠道从事隐蔽更深、危害更大的犯罪活动。当今时代，犯罪分子与公共安全部门的斗争与对抗、侦破与反侦破的主战场已经转移到了网络、数据科学领域。例如，某种信息系统通过人脸识别进行访问控制，犯罪分子可能将网络上用户的照片结合 3D 打印生成极具真实感的人脸，从而绕过人脸识别的安全监察顺利访问被保护的数据。

安全需求是人的基本需求，人们都希望拥有一个相对安全的社会环境，并在其中安心工作、幸福生活。在高度网络化、数据化的时代，安全需求的含义更为广泛，不仅要求物理层面的人身财产安全，还要求数字层面的个人安全、资产安全及数据信息安全。与此同时，随着全球互联互通的全面深入、交通网络的纵横贯通，新情况、新问题不断涌现，可以预见和难以预见风险明显增多，公共安全部门担负的任务日益复杂繁重。因此，大数据在公共安全领域的应用有强劲的需求。

传统的公共安全领域的信息化存储方式、资源共享方式、计算能力等越来越难以满足实战需要，导致工作效率低、地域间协调联动性差、对突发事件应对不及时等问题。特别是急剧增长的数据，需要以大数据技术为引领，围绕数据的核心价值，围绕公共安全的核心领域，将数据高效共享、深度分析和研判使用，创新性地发展大数据在公共安全领域的应用，进一步提升公共安全部门维护社会安全繁荣的能力水平。

6.2　基于大数据的刑事追踪

6.2.1　刑事追踪之难

以往的刑事案件最常用的侦破手段就是排查。随着时代发展，人员流动频繁，嫌犯若在犯案后流窜、潜藏或更换身份，排查难度越来越大，效率也日渐走低。这对刑侦工作高度依赖排查的情况提出了挑战，必须寻找新的有力武器。大数据时代，每时每刻产生的数据量是过去难以想象的。例如，山东省 8 个民用机场，62 个火车站，3 800 个治安卡口，243 万个视频监控摄像机，每天产生上百亿条数据。

就个人来说，从一出生就开始不断产生数据，出生记录、疫苗接种证明、健康状况、通话记录、交通视频监控、社交照片、多媒体交互，等等。数据可以标签化的方式刻画人、描述人的多个方面，将人的概念从单纯物理意义上的人，扩展为包括数字意义的人。

数据关联着数据，数据呈现出人与人、人与事、人与物之间的关系，通过数据之间的关联可以展现出物理世界难以全貌呈现的另一个与现实密切相关的数字世界。将大数据应用于刑事案件的人的追踪，可有效提高案件侦破效率。

6.2.2　大数据的作用

应用大数据技术的刑事追踪主要利用数据融合从大量分散的、看似不相关的、多种类型的数据中分析、挖掘疑犯可能的外形、行动轨迹等有效信息，帮助公安部门迅速破案。该应用主要具有以下功能：

（1）收集整理数据。对刑侦而言，长期积累了海量的事件、案件信息，包括大量的笔录、痕迹物证、DNA、指纹等数据；互联网上存在着人的数码照片、视频短片、社交文字等数据；移动互联网上包括 GPS、位置等数据；监控系统中包括声音、影像等数据。通过制定标准、去除冗余数据、提高数据效率等方式将这些不同系统、不同结构的数据融会贯通，强度整合是大数据刑侦首先要做的事情。

（2）利用数据将人与案件之间的关系通过算法分析挖掘出来。在海量数据与业务逻辑之间构建模型，利用算法挖掘人与人、人与事、人与物之间的关系，还原关系事件，定位或预判犯罪嫌疑人。浙江省公安厅的信息服务平台整合了 275 个业务系统，其中包括订票系统等实时系统，为数据分析和挖掘提供了可靠的数据。山东省大数据服务中心共整合内部资源236 类 162 亿条，社会数据 422 类 20 亿条，面向全省民警和各警种提供一体化大数据应用服务，直接破获重大刑事案件 342 起，发现犯罪嫌疑人3.6 万名。

6.2.3　案例

国内外都已经出现了将大数据应用于刑事追踪领域的成功案例。美国联邦调查局的下一代州级影像识别系统（the Next Generation Identification-Interstate Photo System，NGI-IPS）目前已有 4.11 亿张照片，用于案件调查、罪犯抓捕和签证签发鉴别等用途，保护美国免于犯罪分子和恐怖分子的袭击。我国公安部门在萧山利用数据分析，成功侦破了一个大案悬案。该案件中有一个十年以上的逃犯，不仅改名换姓，而且经过整形面部形态完全改变，无法利用面部识别技术直接鉴别。数据显示，逃犯女儿住院时有个自称是她舅舅的人去探望她，但该逃犯的女儿并没有舅舅，这就在数据关系层面产生了矛盾，最终公安部门通过 DNA 采集确认并抓捕了该逃犯。

6.3　基于大数据的犯罪防控

6.3.1　犯罪模式

随着信息技术的发展，人们的行动轨迹、生活方式、人际关系、甚至思维动态等数据，通过各类设备、网络不间断地生成、传输、沉淀，形成了海量的大数据。通过对海量数据的挖掘、分析，可以预测未来社会发展的趋势。类似的，将大数据技术与犯罪数据相结合，可发现犯罪分子活动规律、犯罪场所的共同点和犯罪时间的分布特点，找出犯罪模式，结合城市数据源和社交网络数据，甚至能够预测犯罪，降低犯罪率，从而提高公众和社会的安全水平。

6.3.2 大数据的作用

大数据在犯罪防控方面的功能主要有以下几方面：一是网络犯罪防控。将来自于传感器的数据、邮件、互联网消费账单、银行账户等数据收集起来，通过线索识别、知识抽取、聚类、回归等一系列手段分析，发现可能的诈骗、网络攻击等犯罪线索，将犯罪扼杀于摇篮。二是威胁级别评估。通过搜索包括逮捕记录、财产情况、消费账单、社交消息、位置信息等在内的以万计的数据点，对个人的威胁程度进行评估，确定具体人的威胁级别。三是执法辅助。通过摄像监控数据和自动车牌识别系统，移动电话数据搜集及定位、生物扫描比对等手段，辅助警务人员执法。

6.3.3 案例

微软公司的 PhotoDNA 软件拥有自动识别儿童性暴露照片技术。在犯罪分子用自己的手机上传儿童色情照片时，该罪犯的邮箱账号就会被做标记。微软公司在向美国失踪与受虐儿童援助中心报告后，将随即报警，该犯罪分子就可能被成功送到法庭审判。

美国芝加哥警方存放了芝加哥近十年所有的犯罪记录，包括详细的犯罪时间、地点、记录、处罚信息等，并借助 SAS 公司的 JMP 数据分析软件包对这些数据进行了大量分析工作，发现了犯罪行为与犯罪地点之间的行为模式差异、基于时间节点的犯罪类型区别等，如不同区域犯罪类型存在差异、盗窃多发生在周五和周六等。这帮助警方开展了大量犯罪预防的工作，降低了犯罪事件的发生。

美国圣克鲁兹市在警务工作中引入大数据技术后，该市的入室盗窃案件减少了 11%，偷车案件减少了 8%，罪犯逮捕成功率提高了 56%。

6.4　基于大数据的公共场所安全预警

6.4.1　公共场所安全挑战

在信息技术和经济高速发展的背景下，人口流动频繁，社会活动高速进行，突发事件层出不穷。2014 年 12 月 31 日跨年夜，上海外滩发生的踩踏事故，暴露出城市的公共场所安全面临着巨大挑战。为满足城市管理和治安防控的需要，城市中普遍强化了视频监控技术，在学校、医院、宾馆、车站、治安卡口、交通要道等公共和治安复杂的场所安装视频监控设备，并通过网络将采集到的视频、图像传送到监控中心。若利用大数据技术对这些影像资料归类汇总，可有效强化城市综合管理，预防突发性治安灾害事故。

6.4.2　大数据监测预警

从大数据的角度来看，大量个体在特定区域的活动构成了群体的聚合状态，人群过度聚集往往会经历"走得慢—走不动—退不出—失去控制—意外发生"等过程，应用大数据技术对风险源进行监测预警，在最初的环节能及时发现并采取疏导措施，能够有效预防人为的群体性安全突发事件。大数据用于安全预警的主要步骤如下：

（1）信息收集。采集图像、红外、无线、射频、移动通信等数据，将数据去冗、归类处理，供实时分析。

（2）大数据分析。对视频、音频、位置等数据进行智能分析，通过算法建模计算，判断出实时人流聚集指标，如密度、分布、流量等状态，并预测未来一段时间内短时人群聚集态势。

（3）及时告知相关部门风险，协助向社会公布。根据阈值判断，若实时或预期人流聚集指标超出阈值，根据处理策略向管理部门或对应人群发送预警信息，帮助管理部门推动疏散措施。

大数据在监测预警中主要有以下功能：

（1）实时监控并分析公共场所聚集状态。

（2）预测公共场所人群聚集态势，做好疏导防控。

（3）及时发送预警信息，并迅速提出疏解方案，引导人群疏解。

6.4.3　案例

北京西单、大栅栏、什刹海等重点区域使用了"人群聚集风险预警系统"。该系统通过前端摄像头采集监控区域不同位置的视频，利用图像智能分析技术处理实时视频，获取行人交通流参数，通过模型计算找出人流规律，判断并预测 10 分钟及更长时间内人流聚集状态。一旦超出预警标准，立即以图像或声音醒目化标识的手段向管理部门报警。预警分为红、橙、黄、蓝四级，当区域人流预测超过最高流量的 80% 时，为橙色预警，当区域人流预测达到或超出最高流量时，为红色警报。管理人员可根据预警情况，采取现场疏导、限流等措施提前避免人流过度聚集，排除安全隐患。

7 城市生态环境领域的应用

对于城市生态环境，不同学科的内涵和外延有所不同。基于生态学理论视角，可以包括"水、土、气、生、矿"五大自然生态子系统；按照环境科学来说，城市环境只是指水环境、大气环境、声环境和固废环境。本书采纳前者这种更为宽泛的概念。城市的五大自然生态系统都有可能应用大数据，本章主要介绍已有成功案例的应用领域。

7.1 大气治理

空气具有流动性，其监测、预测、治理均具有较大难度。大数据能整合多元信息源，在大气治理领域具有较好的应用前景。

7.1.1 空气污染检测众包

目前，空气质量状况主要通过环保部门设置的空气质量监测站点进行监测，没有建设站点的地方，只能对其空气质量数值进行估计。事实上，空气质量受多种因素的影响，不同区域空气质量有所差别，甚至同一区域在下一分钟空气质量便已变化。目前，北京在六环内设立了35个空气质量监测站点，这些站点监测的数据远远无法反映整个北京的空气质量状况。但是，传统空气质量监测站点建设成本很高，不但需要高昂的仪器设备，还需要专业的操作人员。

不少热心环保且具有专业技术的人员聚在一起，积极策划环境监测的众包测量。他们提出了不少方案，例如开发便携廉价的环境监测设备，尤其是基于手机插件或可穿戴设备的传感器。而且，已经取得了不少成果。如2011年成立的Sensemakers联盟通过众筹平台Kickstarter募集了超过144 000美元的资金，开发出了可测量温度、湿度、二氧化碳和二氧化氮的

65

设备空气质量蛋（Air Quality Egg，AQE）。

巴塞罗那微观装配实验室（Fab Lab Barcelona）主任 Diez Ladera 开发了一个传感器组件，称为智能公民工具包（SCK），可以测量空气质量蛋中的所有指标，还包括光强和噪音。2014 年初，阿姆斯特丹官员向 100 位市民提供了 SCK 及其使用说明，鼓励市民在居民区使用这种设备。现在国内很多企业也开发出了家用的空气监测设备，不少家庭已经购置了这类产品。这些监测数据集中起来，也有很大的利用价值。

7.1.2　空气污染源识别

由于空气具有流动性，污染源难以有效识别。针对污染源识别这一难题，可以利用大数据技术，建立数据模型，形象直观地反映出某一区域的大气污染产生、运送和沉降规律，从而有效识别污染源。这样能有效治理区域雾霾污染，为决策提供依据，并为雾霾治理提供切实可行的支撑服务。

污染源的识别需要构建区域大气联合立体观测体系，包括卫星遥感、飞机航测、激光雷达、模型预测、排放表征、地面观测等。目前，中国科学院构建的从全球–洲际–区域–城市群–城市–街区多尺度多污染模式的模拟体系，建立了从宏观到微观的立体监测，为雾霾污染的治理提供了规划和管理依据。将各种不同种类的环境指标信息和污染源排放信息相整合，通过大数据进行深度挖掘，可以测算企业排污强度，污染源分布情况及其对周围环境质量的影响。以此为依据有助于识别空气污染源，制定环境治理方案，并定时监测环境治理效果，不断改进治理方案。

7.1.3　空气质量预测

人工智能系统可搜集空气信息并做预测。充分利用气象数据、空气质量自动监测得到的数据、污染源自动监控得到的数据进行相关性分析，提高空气质量预警预报的准确度。

IBM 开发了一个名为"绿色地平线"的计划，使用会学习成长的人工智能系统，搜集并整合空气污染大数据，能提前对空气状况进行预测，目前最早在 3 天前就可以评测出空气质量的状况，形成一份高度准确的空气质量报告。"绿色地平线"计划是使用具有学习能力的计算机系统,将环保部门所提供的大量数据整合,优化本身的预估模型,并提前几天预测城市内不同区域的空气污染程度,甚至还能提供一些特别建议,例如关闭部分工厂,或限制某些道路上车辆数目。随着数据量的扩大以及系统分析能力的提高,预测的周期将能延长,而精确度也将提高。

应用大数据方法,微软研发的 U-Air 可以分析和预测城市细粒度 1 千米×1 千米范围的空气质量。U-Air 不仅基于实时监测的空气质量数据,还整合了城市的人流、车流、气象、公共设施、兴趣点等数据,通过大数据分析,预测 24 小时之内的空气质量状况。微软宣传,在北京预测准确度可以达到 75%,广州和深圳可以达到 80%。

7.2　垃圾管理

7.2.1　城市垃圾管理困境

垃圾管理一直是城市治理的难点。以北京为例,其常住人口已突破 2 200 万,每天产生的生活垃圾达到 1.84 万吨。而且,北京的常住人口一直保持增长态势,生活垃圾的增速要高于北京人口的增速,大约增速为 8%。2009 年以前,北京市 90% 以上生活垃圾通过卫生填埋方式进行处理,每年要消耗掉 500 亩①土地,占用大量的土地资源。而且,北京的垃圾填埋场处于超负荷运转,污染防控压力很大,极易出现事故。如果垃圾处理能力提升速度跟不上垃圾增速,北京很快将面临垃圾围城的困境。作为城市管理者,垃圾管理极大考验着其城市治理水平和治理能力。

首先,垃圾分类难以普及。市民为了图省事,大多不愿意仔细将垃圾分类。从现状来看,会进行垃圾分类的市民比例较低。2014 年,杭州市负责直接处理分类垃圾的杭州环境集团给出的数据是:全市每天有超过 3 500 吨垃圾,其中分类垃圾只有 800 多吨,不到 25%。

其次,二次污染。二次污染可能在垃圾处理的任何环节产生。例如,

---

① 1 亩:非法定计量单位,1 亩≈666.67 平方米。

垃圾收集和运输时，可能产生臭气、粉尘、污水以及白色污染；垃圾填埋时，可能产生垃圾渗滤液或者填埋气。这些会污染大气、水体和土壤。

以填埋作为处理垃圾的主要方法在中国存在着较大的环境污染隐患。垃圾填埋过程中会产生大量的二次污染物，主要是指垃圾渗滤液及填埋气。城市垃圾的二次污染主要是指在垃圾收集、运输、处理处置的过程中，由于管理不善、硬件不足等原因导致再度产生臭气、粉尘、污水以及白色污染等形成对大气、水体和土壤的污染。

三是垃圾处理设施建设经常受到抵制。目前，我国不少垃圾焚烧厂在运行中出现了渗滤液偷排、飞灰和炉渣乱倒的问题。垃圾处理设施管理的混乱，信息的不透明，民众相关知识的普遍缺乏，容易造成居民对垃圾处理设施的恐惧心理。无论是中转设施建设，还是垃圾焚烧厂、掩埋场项目上马，市民轻则批评，重则抗议。已出现设施附近居民的投诉终年不断。

7.2.2　应用大数据的作用

应用大数据进行垃圾管理，能给市民提供干净整洁的城市环境，提高市民满意度，是推进治理体系和治理能力现代化的有益探索。

（1）大数据有利于垃圾管理决策科学化。大数据可以挖掘经济成长、社会发展、人口变动与垃圾增长的关系，进行垃圾总量预测，以及优化处理设施布局，合理设计垃圾处理能力。

（2）能挖掘垃圾管理的溢出效应。大数据能挖掘出家庭规模、成员特征、经济条件、消费选择等信息，能科学评估相关政策的效果，如评估垃圾分类成效、市民支持度、参与率等。更为重要的溢出效应是，既能给城市精细化管理提供依据，又能给企业精准营销提供参考。

（3）提高政府治理水平。垃圾管理往往需要采用众包模式，一般通过手机 APP 吸引市民的广泛参与。这种模式能促进政府与市民之间更多倾听、沟通、辩论和妥协，使决策更具商议性。更为完善的机制，还能促成专家学者意见、媒体建言献策，更多被纳入方案设计，使决策更具参与性。

7.2.3　垃圾管理大数据平台

垃圾管理可以建立以信息众筹和决策互动为特征的垃圾管理大数据系统。它包括以下信息：政府相关部门常态传送的政务信息，譬如垃圾管理的法律规章、标准细则、部门职责、机构编制、财政税收数据；可能与之具有关联的经济成长、社会发展、人口状况和空间布局等信息；全市垃圾收运时点、线路、场所和各类资源回收主体目录、布点和运营状况，以及后端处理设施规模、运营情况、在线监测数据等资讯；市民和单位按照设定标准提供的垃圾信息，譬如有关垃圾当日产量、成分构成及比例的动态数据；例行发布的政策资讯，譬如垃圾议题的网络探讨、垃圾数据的专家在线分析，备选方案的公众电子审议、领导批示、部门意见以及决策情景纪要公开呈现，等等。综合应用这些信息，提高城市垃圾管理水平。

（1）垃圾分类的推广。垃圾袋微信扫描时下在宁波的社区中流行起来。通过微信扫描，可以定位到某户家庭，拆分他们的垃圾袋后，还要记录他们的垃圾分类情况并进行后期指导监督。做得好，有奖励；做得不好，会有专门的人上门讲解垃圾如何分类。宁波垃圾分类工作者对很多小区的垃圾袋进行了扫描，工作量很大，但采用流水线的工作方式，完成效率很高。通过开展垃圾袋扫描和垃圾分类的宣传活动，使市民对垃圾分类的了解更为深刻。

（2）垃圾收运的优化。城市生活垃圾收运流程涉及收集、运输、中转和处置 4 个流程。在这些流程中，大数据可以发挥重要作用。首先，通过挖掘历史积累的垃圾数据，可以预测主要社区或者商业区的垃圾产生量；其次，根据各处理厂实际处理垃圾的能力、城市道路路况信息以及运输系统车辆状况等数据，可计算出最优的运输路径。这样既能降低运输成本，又能提高垃圾处理效率，使垃圾尽快就近被处理掉。

（3）垃圾处理设施布局。目前，广州正在推进建设全国首个多功能、资源共享、管理高效的垃圾分类大数据管理平台，按照地区统计辖区内的所有住户数量，建立垃圾分类数据库并对辖区内住户每天的垃圾进行统计，分析垃圾的成分和数量，逐步实现垃圾分类的合理化、智能化。同时，广州逐步探索出政府、企业、居民（村民）三方共同监管的方式，即运营企业加强管理、精细运营、严控排放，与市城管委、市环保局联网实施同步在线监管，并积极配合相关部门的各类检测和临时抽查，实现全流程监管；同时，委托专业的第三方机构对焚烧厂各项排放指标进行检测，并通过不同的媒介定期对排放数据指标公开，打消外界的疑虑。

7.3 节能

7.3.1 纽约节能衍生的产业

利用大数据开展节能的成功案例首推美国纽约。2007年，亿万富翁迈克尔·布隆伯格任纽约市长时，提出纽约到2030年减排30%。当时，初步估算纽约70%的能耗在建筑。为了完成减排的目标，迈克尔·布隆伯格就必须摸清大部分建筑的能耗现状。

迈克尔·布隆伯格通过议会立法，要求所有5 000平方米以上的建筑，必须将能耗数据公开，否则将会受到相应的惩罚。大约用了两年时间，市政府掌握了纽约市所有5 000平方米以上的建筑（包括住宅和公共建筑）的能耗数据。根据这些数据，采取了针对性措施，对这些建筑进行分类管理。

纽约不仅实现了节能的目标，还衍生了相关的产业。首先，对于建筑所有者提供的建筑能耗数据，需要专业的机构进行审计，以免弄虚作假。其次，对于超排的建筑，需要进行节能改造。纽约没有设置行政许可，所有审计及能源服务均由企业完成。这样，既产生了一批优秀的能耗审计公司，又带动了建筑能效行业发展。这些企业以纽约为大本营，将业务向别的城市甚至国家延伸，带动了整个产业的发展。

受此影响，美国能源部官网上将所有的住宅、商业建筑、能源供应等相关数据都对外公开，并鼓励企业和开发者利用这些数据进行创新创业。基于这些数据，美国诞生了大量的能源数据分析公司，给市场提供节能减排的解决方案或者咨询服务。

由纽约市的做法可见，政府的得力举措对于大数据行业发展能起到巨大的推动作用。这些经验值得借鉴。

7.3.2　西雅图电力大数据

西雅图是美国西北部地区耗电量最大的城市，根据《福布斯》发布的对全球 150 个大城市年耗电量的统计，西雅图位列全球耗电量第 20 位。西雅图与微软和埃森哲（Accenture）合作了一个试验项目，以减少该地区的能源使用。该项目收集并分析从市区建筑物管理系统中得来的众多数据集，通过预测分析，找出哪里可以减少能源使用，或者根本不需要使用能源。项目的目标是将该地区的电力消耗减少 25%。

电力大数据是智慧城市的重要基础和基本保障。围绕智能电力系统开展电力大数据的应用对于城市节能具有重要作用。一方面，提高电力资源使用效率。通过电网运行在线监控，通过快速收集和分析用电数据，优化电网布局，降低传输损耗。另一方面，提供智能化的能源服务。通过分析用户的电力使用数据，可以根据用户特点提供更为人性化的服务。尤其整合城市水、气、供暖等公共事业数据，能提供一揽子能源解决方案，甚至包括污水处理、垃圾处理、暖气供应、冷气供应等各个环节。

作为同步传输能源与信息的最大人造网络，随着物联网技术的发展，可以嵌入多种传感器，电网和电力系统就像神经网络一样遍布城市的每个角落。目前电力属于垄断行业，数据开放尚未起步，大量数据资源处于沉睡状态。挖掘该领域的大数据红利，亟须大的改革举措，降低行业壁垒，以市场竞争刺激行业的创新，推进大数据的应用。

8 医疗卫生领域的应用

医疗卫生需要进行疾病防控、提高人民健康水平，是社会生活的重要组成部分。医疗是数据密集型行业，数据涵盖人的全生命周期，包括电子病例、诊疗数据、影像数据、实验数据、仪器数据、临床数据、财务数据、管理数据、医用函件等各种类型、多处来源。2014 年，国家卫生与计划委员会在《人口健康信息管理办法（试行）》中将"人口健康信息"定义为："依据国家法律法规和工作职责，各级各类医疗卫生计生服务机构在服务和管理过程中产生的人口基本信息、医疗卫生服务信息等人口健康信息。"照此定义，医疗数据主要包括个人免疫、体检、门诊、住院等活动所产生的数据。随着人们生活水平的提高，可穿戴设备的普及，以及数据技术在各领域的渗透，医疗数据也包括了保健养生数据，个人使用健康医疗智能终端及移动应用而产生的数据和医药研用数据，等等。医疗数据是改善医疗服务、提高医疗效率、增加医疗资料的宝贵财富，也是典型的大数据。大数据技术的发展使之成为了降低医疗成本、提高医疗效果的重要驱动。本章将介绍当前中国健康医疗大数据在慢性病防控、传染病监测预警、临床决策支持、医疗保险提效等方面的应用。

8.1 医疗投入浪费严重

医疗卫生关系着国民健康、疾病防控，受到各国政府和居民的广泛关注。根据经济合作与发展组织（Organization for Economic Co-operation and Development，OECD）报告《Health at a Glance 2015》显示，各国对医疗方面的投入较大，平均占到国民生产总值（GDP）的 8.9%。尽管如此，各国的医疗质量、效率等仍有待提升。

以美国为例，美国的医疗卫生支出占 GDP 的 16.4%，较 OECD 各国均值高出近 8 个百分点。美国人均年医疗支出达到 8 713 美元，是各国平均值的 2.5 倍，但在预期寿命、心血管疾病死亡率、交通事故死亡率、癌症发病率等指标方面美国都在 OECD 各国平均值以下。美国医疗系统由于不必要的诊疗、过度行政开支、无效医疗、价格不合理、欺诈、预防失误这 6 大原因，造成每年约 7 500 亿美元的浪费。

我国的医疗支出占 GDP 的比重也逐年增长，2000 年为 4.6%，2010 年为 5.0%，2011—2013 年分别增至 5.1%、5.4% 和 5.6%。我国人口基数大，近年来由于老龄人群、慢性病人群的持续快速增长，对医疗的需求急剧攀升，暴露出医疗资源不足与医疗资源浪费并存、服务质量不高、商业保险发展乏力、医疗资源布局和结构不合理、数据体系碎片化等一系列问题，亟须提高医疗效率、降低医疗成本。

不必要的诊疗也被称为过度医疗，是医疗投入低效浪费的现象之一，也几乎是全球通病。美国医学会自 2012 年发起的一项名为聪明的选择（Choosing Wisely）的活动公布了美国医学会制定的"过度医疗"明细。在《100 种过度医疗大公开》一书中，介绍了其中的一百项，包括无意义的影像检查、CT 检查、抗生素治疗感冒等。英国皇家医学院也揭示了多种过度医疗项目，如 X 射线检查背部疼痛，输血治疗缺铁性贫血等。我国过度医疗的实例之一是心内科支架的滥用。有资料表明，我国支架使用量年均递增约 10%，可能成为除美国外支架用量最多的国家。12% 的稳定冠心病患者不需放支架，38% 的患者通常用药就足以控制病情，只有约 50% 的患者确实要放支架。而我国放置支架的规则是"达到狭窄 70% 就置入支架"，并未对患者进行个体化评估。这不仅造成过度治疗，还有可能给患者造成血栓风险。

要获得更全面、良好的治疗效果和更广泛、高质的医疗资源，不仅要投入更多资金，也要合理配置资源，采取正确的激励措施，确保医疗支出获得更大价值。将大数据用于医疗卫生这一数据密集型领域，会取得更为显著的效果。

8.2 慢性病防控

8.2.1 市民健康的头号敌人

慢性病在全球范围内是医疗支出占比最大、死亡率最高的病种。2016年《柳叶刀》刊载了一项涉及全球 142 个国家、覆盖全球 93.2%人口的研究，表明世界范围内慢性病的医疗花费超过 538 亿美金。我国慢性病人群庞大，国家卫生和计划生育委员会 2015 年发布的《中国居民营养与慢性病状况报告（2015）》显示，全国居民慢性病死亡已经占到了总死亡人数的 86.6%，慢性病防治已成为全社会刻不容缓的重大任务。

加大医疗投入是遏制慢性病蔓延的重要举措，但效果却并不都尽如人意。根据 OECD 2013 年发布的健康数据，瑞士的人均医疗支出排名第 2，在慢性病预防方面效果较好，糖尿病入院率也较低，在 OECD 各国中排名仅次于意大利，名列第 2。挪威的人均医疗支出水平在 OECD 各国中处于前列，排名第 3，医生和护士的数量也较多，在慢性病防控方面成效尚可，糖尿病入院率控制较好，在 OECD 各国中排名第 7。而人均医疗支出排名第一的美国在很多医疗指标方面都排名较为靠后，特别是在如哮喘、糖尿病等慢性病预防、避免入院治疗等方面表现不佳。美国的糖尿病避免入院率在 OECD 各国中排名几乎垫底，位于第 24 位，远低于排名第 8 的葡萄牙（人均医疗支出排名第 22 位）和排名第 3 的西班牙（人均医疗支出排名第21 位）。

医疗投入并不与国民健康和医务人员、诊疗技术、设备等医疗资源直接相关，若将大数据用于医疗卫生领域的资源有效配置，则会在提升治疗效果，充分利用医疗资源方面取得更令人瞩目的成效。慢性病人群的医疗需求远多于其他疾病种类，若能有效防控，不仅能够有效降低疾病危害，还能显著减少医疗成本。麦肯锡预测大数据应用于这一领域每年可产生700 亿~1 000 亿美元的价值。我国以糖尿病为例，若每年能防止 5%的无并发症患者出现并发症，就可节省约 860 亿元的医疗支出。

8.2.2 大数据的精准防控

医疗大数据涉及个人健康、医疗服务等多个方面，包括智能硬件采集的身体状态数据、诊疗数据、临床数据等异构多源的数据，将之有机整合，可对慢性病人群进行有效防控。曾有比喻将疾病比作湍急泛滥的河流，患者比作落水者。医生为了挽救患者，不断研究先进的打捞器械，苦练打捞本领。但落水者不断增加，多数落水者未等打捞上来就溺毙了，即使侥幸上岸，也难以生龙活虎了。将大数据应用于该领域就如筑堤修坝、搭建自救梯，减少落水者、增加落水者的自救能力。大数据应用于该领域的主要功能有：

（1）群体病前先控。远程智能监护系统、移动智能终端等收集到的身体数据，结合慢性病和健康大数据进行的基于数据的健康管理可降低重病发病率，减少医疗支出。例如，将用户行为、感官等数据与人口统计数据库比对分析，可识别出高危群体。针对高危人群进行健康教育，或提供诸如饮食运动提醒的防疾病协助，实现"未病"先治。英国国家医疗服务体系（National Health Service，NHS）曾报告，大多数的糖尿病视网膜病变所引起的视力受损，都能够通过早期的检测和治疗而避免。

（2）个体提前预防。利用基因检测分析可预测个体高发疾病种类，对个体用户易发疾病进行疾病预防普及教育及防治方法协助，也可实现精准预防、病前先控，实现"治未病"。纪念斯隆-凯特琳癌症中心（Memorial Sloan-kettering Cancer Center）的肿瘤医生正借助 IBM 公司的人工智能引擎 Watson，根据每人的基因、病史、症状等量身定制预防或治疗方案。

（3）精准管理慢性疾病，提高治疗依从性。通过患者身体数据结合大数据分析提醒病人按时治疗，防止由于就医延误造成的疾病加重，将疾病危害降低。通过慢病管理应用的社交功能，患者数据可分享至亲友，通过亲友鼓励提高治疗依从性，防止由于不遵医嘱造成的病情加重、治疗升级。

（4）合理分配有限的医疗资源。医疗资源是有限的，而不同的慢性病在较长的时间内病情的轻重是波动的，每个病人都可能出现病重需要立即诊疗、病情转轻不需治疗的时候，利用大数据分析建模，合理分配对病人的复诊时间、开药用药，能够更有效地配置医疗资源。

移动市场研究公司 Research2guidance 的研究显示，超过 48% 的移动应用提供商针对慢性病患者提供了匹配的移动应用。寻医问药网为肥胖人群量身订制了"智能体质分析仪+医疗 APP+个性化减肥指导"的一体化服务。该服务通过智能体质分析仪测量出用户身体的十项健康指标数据后，根据大数据分析结果为特定用户推荐适合的运动、饮食和生活习惯组合方案，并加入趣味和激励机制，从而以定制化方式帮助用户达到健康减肥的效果。

位于美国加利福尼亚的 Apixio 公司研制了名为 HCC Profiler 的大数据分析平台，该平台利用大量非结构化的医疗数据针对慢性病进行分析，预测患者的健康状况。该公司提供的服务获得了市场的认可，在 D 轮融资中获得了 1 900 余万美元的投资。

8.3　传染病监测预警

8.3.1　传染病危害严重

传染病的暴发不仅直接威胁民众的生命健康，还会对社会经济发展乃至对国家安全造成严重影响。传统的传染病监测系统对传染病的防控起到了一定的预警作用，对人类危害巨大的传染病得到了相对有效的控制。很多传染性疾病只有在积聚起足够多的人口时才可能发生，随着大规模城镇化、全球交通网络的迅速发展，很多传播快速的传染病如埃博拉、霍乱、脑膜炎等有死灰复燃的趋势，传染病依然是人类发病率较高、引发突发公共卫生事件较多的疾病。随着信息技术的发展，以大数据分析为基础的传染病监测预警在传染病防控中的作用愈发重要。

8.3.2　大数据预警途径

以大数据为传染病监测预警的基础，运用适合的数学模型，对传播过程仿真并进行定性、定量分析，揭示传染病暴发流行的原因、要素和发展过程，预测其流行规律和发展趋势，制定适宜的疾病防控策略和措施。大数据在该领域应用的主要功能有：

（1）基于网络大数据进行传染病监测预警。随着互联网、移动互联网、搜索技术的发展，某种疾病暴发前后人们往往会通过网络搜索相关信息，跟踪查询关键词及词频，经过数据筛选、统计、分析等工作后可预测疾病的发生率，建立疾病预警。2009 年谷歌利用搜索关键词成功预测了 H1N1 流感的暴发及在全美范围内的传播，比美国疾病控制与预防中心（Centers for Disease Control and Prevention，CDC）的判断早了一周，准确且及时。加拿大公共卫生署研制的全球公共卫生情报网络（Global Public Health Intelligence Network，GPHIN）通过新闻聚合器自动收集潜在公共卫生突发事件的相关信息，经分析后将其发送至公共卫生机构。在 SARS 暴发时，GPHIN 探测到 SARS 的时间比世界卫生组织发布首个正式报告提前了 2 个月。

（2）基于社会因素和环境因素的大数据进行传染病监测预警。传染病的发病与人们的生活方式、防病意识、病原体变异、人体免疫力等方面都有关系。近年来，社会因素和自然环境因素，如交通网络、人类行为、气象原因、地质情况等，都能影响疾病的发生，通过对它们的分析进行传染病的监测预警也极为有效。2014 年埃博拉出血热疫情暴发，加拿大 Bio. Diaspora 公司运用地理信息系统，通过分析全球航班起降、人口移动、天文及风向、家禽家畜密度、城市卫生管理系统等数据，建立模型加以研究分析，发布全球动态病毒地图，成功预测了下一个可能暴发埃博拉病毒的地区，从而合理规划资源、抑制疫情的扩散。

（3）基于医疗大数据进行传染病监测预警。医疗大数据包括检查结果、影像数据、费用数据等，每天都在更新，实时性较强。基于医疗大数据的传染病监测预警主要通过持续、系统地收集分析临床数据，及时发现疾病在时间、空间上的异常聚集，以期对疾病暴发进行早期探查、预警和快速反应。有研究对流感样病例与非处方药销售量进行相关性分析，当流感样病例出现时间或空间的集聚性时，非处方药销售就可能出现异常，通过监测非处方药销售即可为公共卫生发出早期预警信号。中国疾病预防控制中心建立了基于网络的传染病自动预警系统 CIDARS（China Infections Disease Automatic-alert and Response System），以提高传染病暴发与流行的早期识别能力，该系统自 2008 年在全国应用。

8.4 临床效率提升缓解看病难

8.4.1 一对一临床诊疗困境

医生对患者一对一的临床诊疗，是最常见的治疗模式。这种模式目前正面临着医疗资源分布不平衡与资源利用率不高并存、服务质量欠佳、对复杂疾病认识有限等挑战。

医生治疗水平的高低很大程度上取决于医学经验的积累，但这种积累无论是 20 年还是 40 年，依然是很有限的。而若将医学经验交由人工智能学习，则会有所不同。IBM 公司的人工智能引擎 Watson 已经学习了超过60 万份医学证据报告、150 万份病历和临床实验、200 万页医学期刊研究成果，这若放在某名医生身上是难以想象的。

医生个人医疗经验的局限性不仅在于个人的悟性、能力，还在于医生所在的医疗机构本身的情况。若医生所在机构医疗水平较高，如全国知名三甲医院，那么该名医生所能够接触到的医疗案例、医疗知识就更为丰富准确，临床治疗水平提升更快，反之医生的临床水平提升就较慢。这就从客观上导致了强者愈强、弱者更弱局面的形成，如此一来，势必加剧医疗资源不平衡的现象。

很多人在医院看病可能都经历过排队 3 小时，与医生交流 3 分钟的情况。多数情况下这是由于病人所看的病症，或者所做的咨询过于"简单"所致。也就是说，其实病人的病症是普通病种，通常由医生助理就可以解决了。这种情况下，对一对一临床诊断的资源占用，其实无论对于患者，还是对于医生都是低效的。但如前所述，由于医疗水平较高的医疗机构医生的临床治疗水平客观上确实更高，误诊率更低，因此，即使是低效的，患者仍然对"好"医院"好"医生趋之若鹜。这加剧了医疗资源分布不平衡与资源利用率不高并存的问题。

由于目前的医学研究能力有限，临床上对复杂疾病的很多诊疗是被动而盲目的。依照现有技术分析，对同类病情处于同期的病人给予相同的治疗，其结果也可能是大相径庭的。这不是由于医生本身的问题，而是由于人们对自然规律，尤其是医学、人体生物学规律的了解十分局限。数据显示，传统治疗方案在肿瘤治疗上的用药无效率达75%，在老年痴呆症治疗上的用药无效率为70%，在糖尿病治疗上的用药无效率为43%。传统一刀切的方式不适于治疗复杂疾病。

8.4.2　大数据的作用

将大数据用于临床决策，可提高工作效率、诊疗质量，并可提高诊断准确性，具体表现为以下四方面：

（1）医生利用医院间互通形成的大数据，结合患者具体的健康情况和既往病史，可尽快做出诊断。当医生输入新病人的特征变量，建立在大数据诊疗模型基础上的系统给出相似病患的各种已有处理方式和诊疗建议等，能够有效压缩诊断时间，并提高诊疗精准度。

（2）通过大数据对个体数据、诊疗数据等进行有效整合，确保医疗机构能够有效发挥良好的医疗技术，满足患者个性化医疗服务要求，保持医疗服务的连贯性和及时性。

（3）利用大数据技术可使医疗流程中大部分基本的、技术含量较低但数量庞大的工作流向护理人员或者助理医生，将医生从耗时过长的简单咨询工作中解脱出来，使医生的精力能够更集中，提高医生这一资源的利用率。

（4）大数据分析技术可提醒医生在治疗操作过程中可能出现的失误，降低医疗事故的发生率。

8.4.3　案例

美国斯坦福大学医学院开发了一种名为"和你一样的病人"系统，该系统积累了上百万条病例信息、治疗方案、药物等数据。若医生键入患者的身体状况、不适部位、年龄等，系统在很短的时间内就会从海量的数据中筛选出个性化的诊断结果和治疗方案。这种治疗方案不仅可能比医生的方案效果更好，能让更多病人获得属于自己的"最佳疗法"，而且显著提升了临床诊疗的效率。

美国大都会（Metropolitan）儿科重症病房利用大数据支持的临床决策系统分析医生输入的条目，比较输入与医学指引不同的地方，提醒医生防止药物不良反应、疾病并发症、抗生素适用性等。两个月内，该系统削减了40%的药品不良反应事件数量，尤其是临床错误引起的医疗事故，从而降低了医疗事故率和索赔数。

在英国，Moorfields 眼科医院宣布与2016年7月打败围棋高手李世石的谷歌人工智能引擎 Deep Mind 合作，为后者提供超过100万份的眼部扫描文件，供其进行数据分析和挖掘，以创造出能更快、更早地探测出眼部病变的方法。

若打通医院、地域之间的医疗大数据，将大数据广泛用于临床疾病的诊治，误诊率在大数据临床系统的控制下会显著降低，医疗效率更高且治疗效果更佳，普通患者在不同的医院就诊获得的医疗服务可能是非常类似的。这为优化医疗资源布局打下坚实基础，能够有效解决优质医疗公共服务不足的问题。

8.5 医疗保险提效缓解看病贵

8.5.1 医疗保险控费效果欠佳

若都由个人自掏腰包支付医疗费用，这将成为患者获得有效治疗的巨大障碍。医疗保险帮助患者支付医疗费用，是患者获得医疗保障的基本前提。大多数国家都有一套核心的全民健康保险服务体系。以 OECD 成员国为例，政府公共部门往往是医疗卫生支出的主体，丹麦、瑞典和英国的公共医疗支出占比达到了80%。美国的公共医疗支出占比在50%以下，很大一部分医疗支出来自于个人的商业医疗保险。无论是公共医疗保险支出，还是商业保险医疗支出，各国都对控制医保费用，提高费用使用效率有强烈要求。

我国医疗保险构成是以政府主导的基本医疗保险为主，商业医疗保险为辅的方式。目前，虽然我国社会基本医疗保险体系已基本建成，大致实现了对全国居民的全覆盖，但基本医疗保险对重大疾病的覆盖力度不足，大病保障依然是短板。因病返贫、因病致贫的现象时有发生，某些医院也存在小病大治的"创收"情况。政府和百姓都期望商业保险能够在基本医疗保险的基础上更"给力"。

商业医疗保险原本被期望成为基本医疗保险在重大疾病方面的重要辅助，但目前国内一百余家商保公司中只有四家公司专业经营健康险。且由于赔付率过高，加上代理费和管理费等经营成本，多数健康险处于亏损状态。比如平安健康险 2013 年已赚保费为 21 322 万元，赔付支出 17 134 万元，赔付率达 80%，除去经营成本，净利润为-7 902 万元。人保健康险 2013 年已赚保费为 519 273 万元，赔付支出 532 563 万元，赔付率达 102.6%，净利润为-79 510 万元。

究其原因，无论是基本医疗保险还是商业医疗保险，在业务、经营、管理等方面都比较粗放，存在缺乏对疾病治疗费用的深度分析数据及对参保群体医疗费用风险的科学评估，精算定价基础薄弱；缺乏对医疗服务临床合理性的判断，漏失欺诈、不合理医疗行为的监测；缺乏技术手段对医院医疗质量及费用的合理评估，长期控费效果欠佳；市场与销售缺乏以数据为基础的分析，市场停滞于价格层面的竞争，行业收益低等问题。

8.5.2　大数据作用

大数据分析用于医疗支付和商业保险领域可以为管理和行业发展带来较大价值，为人们提供更为丰富的支付保障，一定程度上减轻患者的支付负担。大数据应用于该领域的主要功能有：

（1）通过对疾病费用数据的深度分析，结合不同年龄群体的发病率及疾病演变信息，为理赔型大病保障设计及精算定价提供支持。从而丰富商业医疗保险产品的种类，弥补重大疾病险的缺失。

（2）通过对住院数据、医疗检查项目数据、高值医用耗材数据、诊断与处方药品指标数据、病因与药品计量数据等进行分析，及时发现欺诈、浪费、滥用等费用风险。

（3）通过临床数据判断不同疾病管理中的医疗行为，如用药剂量、药物反应监测等，对医疗过程进行评估；通过对手术不良事件发生率、再入院率等数据分析，对医疗结果进行评价，从而评估医疗费用与质量，达到在保证医疗质量的基础上控制医疗费用的目的。

（4）应用大数据分析客户的健康情况和费用驱动因素，可优化保障设计，赢得客户对保险公司专业水平的信赖。比如，美国个人健康保险公司Oscar积极督促顾客进行健康管理，并积极介入医疗护理过程，不仅降低了保费支出，也获得了客户的欢迎。

8.5.3　案例

病发重复入院的费用是极高的，无论对于个人还是保险公司都是一笔不小的开支。总部位于费城的保险公司独立蓝十字（Independence Blue Cross），将理赔账单、实验室结果、药物、社区、客户家族病史、身高、体重等数据放入大数据分析模型中进行计算，对患病客户按照得分高低进行风险排序，为得分较高的客户分配健康指导，免费为客户提供健康建议，并为他们推荐附加服务。这种保险公司与患者的协作努力非常有效，患者的重复住院率显著下降，例如充血性心脏衰竭患者的预期住院率降低了40%~50%，这对于患者和保险公司来说都节约了大笔费用。

美国医疗保险和医疗补助服务中心也已经开始使用预测分析软件，在欺诈索赔支付之前标识出可能的欺诈索赔。该软件已经阻止、确认了1.15亿美元的欺诈性支付，通过该软件的使用平均花费1美元可以节约3美元的成本，从而可以使得保险金使用更有效率，用于更多真正需要的人。

8.6　药品支出提高成效

随着技术的进步，新的药品和医疗技术不断快速出现，这一方面为患者提供了更优质的治疗机会，另一方面也使得医药费用不断增加。药品在医疗卫生系统中的地位至关重要，它的费用支出仅次于住院和门诊，是第三大医疗费用支出项目。药品销售来源包括医院、药店、超市、网上电商等，药品种类有处方药和非处方药。药品消费提高成效除了需要平衡非处方药和处方药的关系、使公民医疗用药的性价比更高、医药费用得到更有效地利用外，还需要政府平衡病人使用新的特效药与有限的医疗预算，以正确刺激业界开发新一代药物。大数据的应用对药品支出成效比的提高有着极为重要的作用。

8.6.1　药品支出概况

2013 年，OECD 成员国的药品费用支出达到了 8 000 亿美元左右，约占个体医疗总支出的 20%，人均药品消费超过 500 美元。从 20 世纪 90 年代到 2005 年，与住院、门诊消费相比，药品消费的增加一直是医疗支出增长的主要驱动力。1990—2004 年，药品消费年均增长率比医疗消费年均增长率高出了 5%。在接下来的十年间，随着几种畅销类药物的专利到期、各国的成本控制政策，以及经济危机的综合影响，各国药品消费的增长出现了停滞或下降。

我国是全球最大的新兴药品市场，药品用量是全球增长最快的国家之一。IMS 预测，2020 年全球药品支出达 1.4 万亿美元，中国作为主要增长驱动，药品支出将达 1 600 亿~1 900 亿美元。中国药品支出的增长一方面是由于历经十年的基本医疗保险扩容将覆盖几乎全体 14 亿公民，消费药品的人口增多，另一方面也是由于使用了成本更高的新药品。从 2010—2020 年，中国的药品支出增长率逐步放缓，但即使如此，增速仍会超过 GDP。

虽然各国政府通过与药品制造商谈判降价、推荐药品参考价格、强制退税、降低药品增值税、推动与大品牌药物同效的小品牌药物使用、减小药品包装、降低公共支付覆盖的药物范围、增加家庭的负担比率等一系列措施，降低了医药的公共支出，但个人支出却并未相应减少。

与其他的医疗支出项目相比，购买药品的个人出资占比本来就较高。比如住院和门诊费用的个人支出占比为 21%，而药品消费的个人占比达到了 37%。在大多数 OECD 成员国，药品个人支出的增长速度远超公共支出。特别是 2009 年以后，随着公共药品支出的增长速度放缓或下降，私人药品支出并未出现同等程度下降的现象更为明显。例如，2010—2013 年，匈牙利以家庭为单位的个人处方药消费从 40% 增至 45%，斯洛伐克共和国个人药品消费增长了 33%。随着慢性病的多发和老龄人口的增长，个人药品消费的增加这一趋势无疑增加了个人的医疗负担。我国虽建立了全民基本医保，但与大部分国家一样，患者仍有大量需自掏腰包的药品费用。

新研制出来的药物，虽然为治愈病人提供了更多机会，也增加了治疗成本。2012年，美国的特效药仅占处方药的1%，但支出费用占到了全部处方药支出的25%。特别是口服抗癌药、免疫调节剂等高价特效药的广泛使用，在药物消费增长中起到了重要作用。我国在用药总量上将超过美国，在革命性创新药物的人均用药量方面则非常有限。

今后，随着新研制的高成本特效药进入市场，以及老龄化的到来，药品消费增长率预计将占到医疗支出增长率的50%以上，药品支出将在阶段性的停滞或下降后再次上扬。IMS研究所预测，2018年全球药品消费将比2015年高出29%～32%。

8.6.2 大数据用于药品合理支出

大数据应用于该领域的主要作用有：

（1）推动医院合理用药。药物的合理利用是重要的临床医学研究和应用领域，既能使医院了解药品的使用规律，也能辅助医院有效用药。通过对各家医院药品种类、消耗量、销售金额、用法用量、疗程、用药频度等大量数据的分析，能够发现药物利用的特点、经验和问题，促进合理用药。我国已有一些关于三级医院基本药物利用情况调查、医院药物利用的综合评价等方面的研究，对药物的分级管理、完善基本药物目录、不同地域特有疾病基本药物增补、完善不合理用药监管等方面给出了建议。

（2）促进医保药品目录合理化。医保是减轻参保人医疗费用负担的重要手段。为了合理控制医疗费用支出，在公共支出与个人支出之间取得较好平衡，我国制定了基本医疗保险药品目录。若医保药品目录范围过小，会导致医保保障水平低，无法有效减轻参保人员医疗负担；反之，若目录范围过大，则会导致公共开支过高，国家难以负担。因此，平衡公共开支与个人药品支出之间的关系，合理制定药品医保目录是医保补偿的关键问题，也是需要面对的难题。随着医疗数据的迅速增长，基于参保人员医疗、药品等费用的明细数据，利用大数据技术深入分析，能够使医保目录的制定更具科学性和合理性。目前，我国在该方面已有了一些探索，如利用大数据挖掘算法研究医保目录的制定。

（3）使新研制药物的投入产出更高效。无论是发达国家还是发展中国家，对新药研制的共识是新型药品能够取代复杂的医疗干预，所有药物创新都应是需要人群能够负担得起也容易得到的。传统的原创新药研发通常遵循"化合物-靶蛋白-表型变化-疾病治疗"的原则，面临研发投入逐年增高，同时研发风险不断增大的挑战。将医疗大数据应用于药品研制，能够通过全基因组关联分析、基因表达谱联系、药物副作用生物标志等一系列大数据分析方法，挖掘药物的适应症，从而将药物研发引向医药大数据分析的方向。这已成为众多国际制药企业用以规避研发风险、降低研发成本、加快药物上市步伐的重要战略。我国有公司利用大数据技术，通过临床研究数据采集、药物管理、临床试验项目管理等，帮助医药企业分析医药数据，评估药物效果。

（4）评估新研制药物的副作用。新研制的药物可能是全新的化合物，也可能是对已有药物的改良。无论如何，新药物通常都造价不菲。虽然某些新药给患者带来了巨大的治愈效果，但某些新药仅带来了一些改善效果，有些药物甚至会产生副作用。以美国为例，美国食品药品管理局在药物批准上市前最多也就几千名使用者，一旦药品上市，使用者数量剧增至十万甚至百万人以上。若将这些数据收集起来，利用大数据分析，能极早发现药物的不良副作用，可尽早修改药物的使用方法和安全警告信息，以避免更大的危险。

8.6.3　案例

美国哈佛大学 BIDMC（Beth Israel Deaconess Medical Center）医疗中心拥有庞大的病例数据库，包含了 220 余万名患者的药物服用、诊断、实验值等 200 余万个数据点。研究人员能够使用这些数据寻找导致疾病发生的原因，包括饮食、运动、睡眠等生活习惯，以及药品种类、用量等药物影响。

在《医药互联网研究》（Journal of Medical Internet Research）期刊上，谷歌发表了一篇文章，文章内容说明研究人员利用 1.76 亿条搜索数据，挖掘出迄今未能发现的药物的不良反应。谷歌与食品药品管理局已有合作意向，双方将利用谷歌公司拥有的搜索大数据和大数据分析能力甄别药物的不良反应。此外，波士顿大学、美国食品药品管理局、哈佛医学院等机构也利用社交媒体研究药物的不良反应。他们在 7 个月的时间里分析了 Twitter 的 690 万条发帖，研究发现，药品有关肠胃问题或精神影响等特殊类型症状的投诉占比与食品药品管理局的数据基本吻合。

9 教育领域的应用

2015 年 9 月 5 日，我国国务院发布了《促进大数据发展行动纲要》，明确提出在教育领域全面推广大数据应用。利用大数据洞察教育民生，优化资源配置，缩小城乡差距，拓展服务渠道和方式，形成公平普惠、便捷高效的教育服务体系。大数据正在掀起一场教育革命，无论是教育管理者、教育从业者还是受教育者，都已经或即将受惠于大数据的应用。大数据的使用，能帮助学生克服教育资源的地理空间限制；能帮助老师真正做到"因材施教"，对学生教育"精确定位"。此外，也能帮助教育管理者优化配置教育资源。大数据在教育领域已成为一种战略资源，能够推动教育领域的综合改革，是发展智慧教育的基石。在战略层面上，教育大数据已上升为国家的重要战略之一。本章就教育大数据的来源与分类、具体应用等方面加以探讨。

9.1 教育大数据概述

9.1.1 数据体量估算

我国教育主要分为学前教育、义务教育、特殊教育、高中阶段教育、高等教育、成人培训与扫盲教育、民办教育等类别。其中，学前教育主要指幼儿园阶段教育；义务教育包括小学和初中教育；特殊教育面向视力、听力、智力、其他等残疾学生；高中阶段教育包括普通高中、成人高中、中等职业教育；高等教育包括普通高等学校、成人高等学校；成人培训包括非学历高等教育、非学历中等教育；民办教育包括民办幼儿园、民办普通小学、民办普通初中、民办普通高中、民办中等职业学校、民办高校、其他民办机构等。

　　根据《2015 年全国教育事业发展统计公报》（不包括香港特别行政区、澳门特别行政区、台湾省的数据），我国在学前教育、义务教育、高中阶段教育共有学校约 49.15 万所，在校生共约 33 079.99 万人，教师约 1 311.502 5 万人，具体如表 9-1 所示。

表 9-1　全国教育事业发展统计数据

教育阶段		项目	数量
学前教育		幼儿园（万所）	22.37
		入园儿童（万人）	2008.85
		在园儿童（万人）	4264.83
		园长和教师（万人）	230.31
义务教育	小学	小学（万所）	19.05
		招生（万人）	1729.04
		在校生（万人）	9692.18
		毕业生（万人）	1437.25
		小学教职工（万人）	548.94
		专任教师（万人）	568.51
	初中	初中（万所）	5.24
		招生（万人）	1411.02
		在校生（万人）	4311.95
		毕业生（万人）	1417.59
		初中教职工（万人）	397.63
		专任教师（万人）	347.56

续表

教育阶段		项目	数量
高中阶段教育	普通高中	普通高中（万所）	1.32
		招生（万人）	796.61
		在校生（万人）	2374.40
		毕业生（万人）	797.65
		普通高中教职工（万人）	254.32
		专任教师（万人）	169.54
	成人高中	成人高中（所）	503
		在校生（万人）	6.59
		毕业生（万人）	6.20
		成人高中教职工（人）	4325
		专任教师（人）	3404
	中职教育	中等职业教育学校（万所）	1.12
		中等职业教育招生（万人）	601.25
		中等职业教育在校生（万人）	1656.70
		中等职业教育毕业生（万人）	567.88
		教职工（万人）	110.18
		专任教师（万人）	84.41

在《中国基础教育大数据发展蓝皮书（2015）》中，估算出全国教育大数据约 12EB，如图 9-1 所示。

结合《2015 年全国教育事业发展统计公报》，我们也对学前教育阶段、义务教育阶段、高中教育阶段的教育数据做一测算。测算内容包括师生基本信息、课业测试与作业、课程资源以及校园实录四个方面。测算过程如图 9-2 所示。

第一个方面是师生的基本信息数据量。师生基本信息包括学生的学籍信息档案和老师的教师信息档案，每份档案大小约 20K。第二个方面是课程作业与测试的数据量。小学生的作业每份约 20K，初中生的作业每份约 30K，高中生的作业每份约 40K，考试试卷每份约 160K。第三个方面是课程资源数据量。由于技术的普及，几乎所有的幼儿园、小学、初中、高中

图 9-1　一年基础教育大数据体量估算

数据来源：中国基础教育大数据发展蓝皮书（2015）

都有配套的数字教学资源，在此处的课程资源中包括了教师教案和每节课的课程教材资源，教师教案每份约 30K，课程教材每本约 600M。第四个方面是校园实录的数据量。校园实录包括了课堂实录和安全监控数据，课堂实录数据每节课约为 110M，校园安全监控数据每小时约为 300M。

需要说明的是，在测算课堂实录数据时，幼儿园班级数按照幼儿园平均 30 人/班进行估算，小学班级数按照小学平均 45 人/班进行估算，初中和高中的班级数则按照平均 50 人/班进行估算。最终测算出的一年间学前教育、义务教育、高中阶段教育大数据体量约为 35.4EB。无论是《中国基础教育大数据发展蓝皮书（2015）》，还是我们的测算结果都可见，教育行业是典型的大数据行业。

9.1.2　数据来源与分类

教育系统是一个复杂系统，涉及学生、老师、家长、教育管理人员等多种角色，覆盖了教学、研究、管理、服务等诸多业务，包括网络学习平

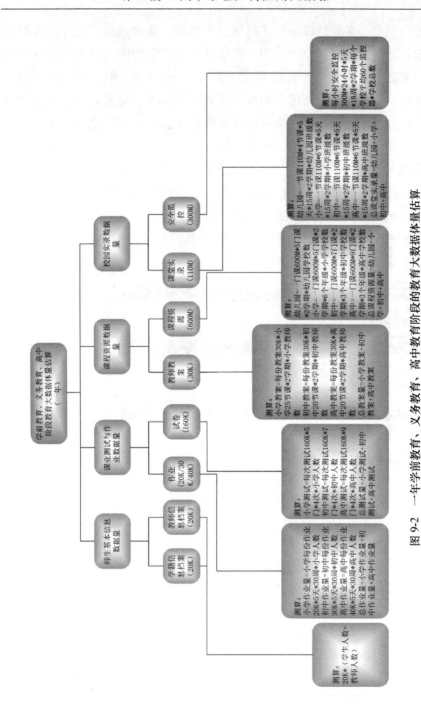

图 9-2　一年学前教育、义务教育、高中教育阶段的教育大数据体量估算

台、校园网站、多媒体设备等各类信息化设备。简单地说，教育大数据就是在教育系统运转过程中产生的、根据教育需要采集的、用于教育发展的数据。教育大数据产生于校园环境下的正式教学活动中，博物馆、图书馆、家庭、培训机构等环境下的非正式教学活动中，以及教育管理、教育科研、教育服务过程中。随着现代技术的发展，教育活动也从单纯的面对面线下教学逐步过渡为线上、线下教学。

按照《教育大数据的来源与采集技术》一文中的分类，教育大数据可以分为个体教育大数据、课程教育大数据、班级教育大数据、学校教育大数据、区域教育大数据、国家教育大数据等6种。

个体教育大数据包括教职工与学生的基础信息、用户各种行为数据、用户状态描述数据等（图9-3）。

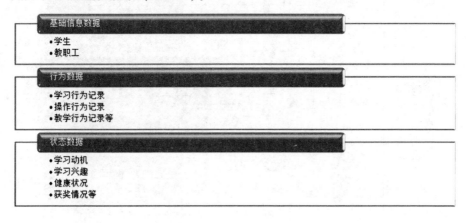

图9-3　个体教育大数据

课程教育大数据是围绕课程，在面对面教学过程中生成的数据，包括课程基本信息、成员、课程资源、作业、老师与学生交互、学生之间交互、课程考核和测试等数据（图9-4）。

班级教育大数据是指以班级为单位获取的各类教育数据，包括班级的课堂实录数据、班级管理数据，学生的作业数据、考试数据、各类课程的学习数据、社会实践数据等（图9-5）。

学校教育大数据主要包括八类数据，第一类是学校管理数据，包括学校概况、教职工管理、学生管理、办公管理、教学管理、科研管理、体育

图 9-4　课程教育大数据

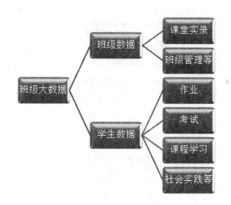

图 9-5　班级教育大数据

卫生、德育管理、房地产与设施、图书管理、仪器设备与实验室、安全管理、办学经费、招生管理、财务管理、外事管理、档案管理等数据。第二类是课堂教学数据，包括教学录像、课堂互动、教学课件等数据。第三类是教务数据，包括排课、课程成绩、教师评价学生、学生评价教师、管理行为（如录入、修改、删除等）日志等数据。第四类是校园安全数据，包括安全监控录像、学生进出学校数据等。第五类是教室、实验室等使用数据，包括借用、环境、维护、管理行为（如录入、修改、删除等）日志等数据。第六类是设备使用与维护数据，包括设备借用、设备状态、设备维护、管理行为（如录入、修改、删除等）日志等数据。第七类是学校能耗数据，包括办公用品、水、电、气等数据。第八类是校园生活数据，包括广播、电台、社团活动数据，及充值、刷卡、上网等行为记录数据等。

区域教育大数据主要来自于学校、社会培训机构与在线教育机构，包括的数据内容如图9-6所示。

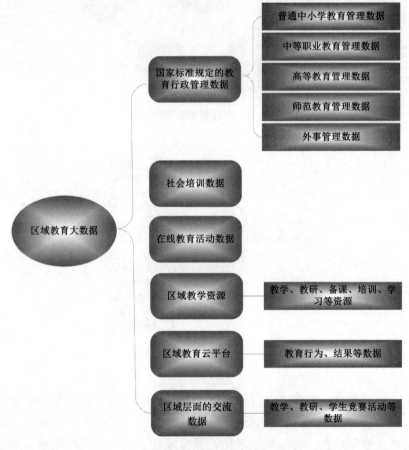

图9-6　区域教育大数据

国家教育大数据主要包括了全国各区域产生的各类教育数据，特别是教育管理类数据。

　　教育大数据除了可以按照个体教育、课程教育、班级教育、学校教育、区域教育、国家教育的分类外，还可以从数据产生的业务来源、数据结构化程度、数据产生的环节等几个维度进行划分。从数据产生的业务来源划分数据，包括教学类数据、管理类数据、科研类数据、服务类数据等；从数据的结构化程度划分数据，包括表格等结构化数据，文本、网页等非结构化数据，以及音频、视频等非结构化数据；从数据产生的环节来分类数据，则分为过程性数据、结果性数据。

9.2　解决教育资源分布不均

9.2.1　教育资源失衡引致普遍不满

　　好学校难进是现代"城市病"的典型症状，即使在教育资源最为丰沛的首都北京，优质的医疗、教育仍然是稀缺的。不乏有这样的新闻报道，为了让孩子上某个学校，家长滞留教委门前以各种形式提出自己的诉求；学区房、递条子等情况在全国各个城市屡见不鲜。北京学区房每平方米动辄 10 万元以上，100 平方米的房子，意味着千万巨款。天津和平区万全小学的"老破小"学区房均价 4.6 万元以上，一户 20 世纪 80 年代学区房的报价单价高达 7.5 万元。而知名中小学的校长们，每到招生季，电话被打"爆"，各级领导干部纷纷递"条子"。这些行为的目的无非是想把自己或亲戚朋友的孩子"送"进重点中小学，体现了教育资源分布的不均衡。

　　从整体来看，我国教育资源分布呈现出经济发达地区优于经济欠发达地区，省会城市优于普通城市，城市优于农村，重点学校优于普通学校的情况。学校在办学条件、师资配备、教育质量、管理水平等方面差异明显。

　　教育资源是典型的公共服务，理应公平分配，让各地的孩子都有获得良好教育的机会，否则，长期来看，可能导致社会固化，对国家和城市的整体发展不利。以北大为例，截至 2013 年，北大农村新生比例从 20 世纪 50 年代的 50%~60% 下降为 14.2%，"寒门难出贵子"。这一方面与城市化有关系，另一方面也说明教育资源分布确有不均的情况。

受地域经济发展等因素的制约，师资力量在各地的公平配备短期难以解决。但此时，互联网、移动互联网在各个城市、各地农村的普及，使得在网络空间优化教育资源成为可能。将大数据技术应用于公共服务领域，能够提高教育效率、优化教育资源，在一定程度上缓解教育公共服务不足的问题。

9.2.2 大数据助力教育资源扩优提质

教育质量的均衡可通过地区总体数据分析规划进行，也可通过对个体数据的分析挖掘进行。以北京①和深圳为例分别说明这两种模式。

北京计划从根本上缓解择校矛盾，利用大数据分析区域教育特点，因地制宜，以优质教育资源的重组和整合为手段，以优质、公平、均衡为目标和特征重构北京教育，以期大幅提升北京优质教育的覆盖率。作为首都功能核心区的东城、西城的名校、老校资源丰富，根据这些特点，两区采取学区内均衡、贯通优质资源，解决学生择校的问题，防止"差校"学生用脚投票。东城划为 8 个学区，构建"入盟（深度联盟）入带（优质资源带）一贯制（对口升学）"的资源通道，在学区内贯通优质资源。西城区建立 11 个学区，将教育集团增至 15 个，力促高位均衡。

朝阳、海淀、丰台、石景山 4 个区属于城市功能的拓展区，对优质教育的需求迫切。朝阳区定位优质教育分布，其 CBD 区域布设的优质校达37 所，占比近 40%。丰台区、石景山区着力在与西城、海淀区、东城区的相邻点上布点留住生源。通州区、顺义区、大兴区、昌平区、房山区 5 个区是城市发展新区，改扩建学校的项目最多。顺义 3 年内的学校改扩建项目有 61 个，大兴区改扩建项目 54 个，昌平仅 2014 年就新建学校 12 所。作为生态涵养发展区的门头沟、平谷、怀柔、密云、延庆 5 个区县依据发展需求，将引进名校和快速提升本土教育质量措施并举。在对数据充分分析的基础上构建的教育资源布局规划，能对教育资源扩优提质，让师生获得更多优质教育的选择权。

---

① http：//epaper. gmw. cn/gmrb/html/2014-04/20/nw. D110000gmrb_ 20140420_ 6-01. htm.

通过对学生的阅读、计算、情感认知、学校、师资配备等学习行为数据和非学习行为数据的分析，可以发现成绩相差无几的学生在自身个性、规律与学习环境方面可能有着巨大差异。深圳市教育部门与公司合作展开调查，通过对调查数据的关联分析，发现在深圳市 90 分以上的优质学生群体中，他们在知识、能力、情感价值以及所在学校的师资配备、学习环境等情况都有着差异，且每名学生个体都存在一定的规律和个性。调查和数据分析结果帮助福田及南山两区的教育部门明确了教改思路，及早地提供有针对性的教学管理和教学方法，帮助学生弥补不足，从而实现福田区、南山区域内教育质量提升之后的优质均衡。

9.2.3　在线教育解除教育资源空间限制

作为一种服务于在线学习的公开课程，大规模开放在线课程（Massive Open Online Courses，MOOCs）最显著的特点是：公开，100%在线，不限学员来源及资格，大部分免费（少部分收费）。2012 年，MOOCs 在全球开始迅速发展，在美、英等国已经有了比较广泛的应用。这样的在线教育模式有利于解决我国教育资源分配不均衡的问题。

目前我国国内优质教育资源大多集中在东部省份等发达地区，中西部地区、农村优质师资严重不足。开放的在线教育的优势在于不设置学习门槛，通过互联网方式打破教育数据的时空限制，可以将名校的优质课程资源，向更广泛的人群传播。在我国区域发展不平衡、贫困人口众多的国情下，推广这样的在线教育模式能缓解教育公平问题，具有重要的社会效益。

在国内尤其是北京、上海、广东等城市，大数据在教育领域就已有了非常多的应用，譬如像慕课、在线课程、翻转课堂等，其中就应用了大量的大数据工具。我国在开放在线教育大数据方面的投入，将有效缓解不同地域、不同城市、城市中不同区域、不同学校之间的教育水平差异。老师可以线上接受培训，提升自身教学质量；学生可以线上学习优秀教师的课程，从客观上平衡师资力量，让每个学生都得到更为高质的教育机会。

9.3 提升教学效率

教学效率提升的关键是记录和预测学生的学习行为、表现的数据，尽早发现潜在的问题，并选择适当的方式介入干预。通过教育大数据的处理和分析，可以发现学生学习效果与学习内容、学习资源和教学行为等方面的相关性，用以预测学生未来学习的发展方向。

9.3.1 应用大数据的目标

教育者可适应性地调整教育方式，施加正向引导和干预，提升学生的学习成绩。为了达成因势利导引导学生的目的，面向个人的教育大数据分析关注于四类研究目标：

（1）通过整合诸如学生的知识、动机、态度等细节信息建立学生模型，预测学生未来的学习发展趋势。

（2）研究并改进可描述最佳教学内容、优化教学顺序的领域模型，有针对性地提升特定学生的成绩。

（3）研究各种学习软件提供的教学支持的效果。

（4）通过整合学生模型、领域模型和软件教学策略等内容构建计算模型，推动有关学习方法和学生科学知识的发展。

9.3.2 美国的应用案例

2013 年，在每年都会吸引大量各界人士参加的西南偏南教育创新大会（SXSWedu）上，微软创始人比尔·盖茨强调教育技术未来发展的关键在于数据，利用教育大数据将帮助美国提升教育系统的成效。

美国教育部门将大数据应用于教育，创建了一个集数据收集、分析、学习效果预测、学习内容推送、教育者干预等模块于一体的自适应学习系统，旨在向教育者提供需要了解的学生更多、更精确的信息，并针对性地对学生和教育者提供帮助。美国亚拉巴马州莫比尔区（Mobile County, Alabama）与 IBM 公司合作，重构了教育大数据收集与分析系统，用大数据分析帮助改善该区学生的整体学习效果。

通过对学生参与学习讨论的情况、学习相关邮件发送数据、测试完成程度等学生的学习数据，分析并明确学习效果较好和学习效果不佳的学生之间的差别，教师能够识别出不同类型的学生，分别为他们提供更通畅、灵活和适用的教育策略。由伍斯特理工学院（Worcester Polytechnic Institute）和卡内基梅隆大学（Carnegie Mellon University）设计的 Assistments 学习辅导系统使用教学数据指导学生解决问题，并为教育者提供学生学习能力的详细评估，在四年级到十年级学生的数学、科学、英语和社会研究等课程中广泛应用。Assistments 收集学生如何回答问题、需要什么程度的系统支持才能够正确回答问题等信息作为评估基础。每当学生在 Assistments 上学习，Assistments 都能更深入地了解学生更多的能力，因而能为学生提供更准确的指导和成绩预测。该系统能够识别出学生在学习中的弱点和面临的困难，为教育者调整学习辅导任务计划提供帮助。

类似的，纽约州波基普西市玛丽斯特学院（Marist College）与商业数据分析公司 Pentaho 合作发起开源学术分析计划（The Open Academic Analytics Initiative）。该计划基于学生的学习数据，如点击线上阅读材料、是否在网上论坛中发言、完成作业的时长等，在 Pentaho 的开源商业分析平台上设计了分析模型预测学生的学业情况。若有学生处于无法顺利完成课程的风险状态，学院将及时采取措施予以帮助，从而提升该学院的毕业率。

9.3.3　企业的商业化运作

除了政府、教育部门外，一些企业已成功地将教育大数据进行了商业化运作。美国斯维达斯学习（Civitas Learning）公司是一家专门运用预测、关系挖掘等技术对学生教育提出改进建议的新兴企业。该公司建立的跨高校教育资源数据库，包括 100 余万名学生的信息记录和超过 700 万课程记录。通过海量的教育数据，可以分析出学生的分数分布、出勤率趋势、辍学率统计等情况，还可预测出将导致辍学或学习效果不佳的警示性信号。在此基础上，根据教育者参与情况可分析出哪些教育资源优化和教师干预是成功的。

加拿大渴望学习（Desire 2 Learn）教育科技公司推出名为学生成功系统（Student Success System）的大数据项目。该项目通过在网上教育环境中记录学生阅读的课程材料、提交的作业、与同学交互、测试等数据，分析这些教育数据得到学生的学习特点、在学习中面临的问题、预测课程成绩等，为学生提供改进建议，并为老师了解学生情况，针对性地采取帮助策略提供支持。

培生（Pearson）集团在全球少儿美语旗舰课程 Big English 课程中引入了 MyEnglishLab 在线学习辅导系统。该系统以学生为中心，按照教、学、测三个环节组织线上学习内容和学习过程，应用大数据技术全程实时分析学生个体和整体的学习进度、阶段成果、学习情况反馈等，及时找到问题所在并引导教师、家长、机构对症予以干预，对学习过程和结果进行动态管理，将个性化的课堂教学、家庭辅导和自主学习管理环境统一起来。

9.4 助力教育服务合理化

9.4.1 大数据支持择校就业选择

趋势分析通常指的都是通过分析数据发现其中蕴含的模型、发展方向或结论。教育趋势分析指的是通过收集并分析教育相关数据，从中发现数据下隐含的学习、就业、行为等模式；用于回答学生学习过程中是什么发生了改变，改变是如何通过学习发生的，学生的学习成绩等指标是如何随着时间变化的等问题，帮助教育管理者或个人了解个人自身特点，从而有针对性地加以选择、匹配或采取措施。

美国加利福尼亚的高等教育委员会提供了一个在线趋势分析工具。使用者用这个工具分析委员会提供的数据表，能够生成入学、学位完成情况、学生母校、学生升入的学校、学生就业等趋势分析报告。

学生对学校的选择与未来的职业规划直接相关。全球知名的职场社交平台领英公司（LinkedIn）收集了美国高校卡内基梅隆大学（Carnegie Mellon University）和普渡大学（Purdue University）6 万余毕业生的职业数据。搜索普渡大学，可以发现礼莱（Lilly）、康明斯（Cummins）和波音公司是其首选；搜索卡内基梅隆大学，则会发现谷歌、IBM 和甲骨文公司的就业学生最多。通过数据分析发现的就业趋势对即将选择就读高等院校的学生有着重要意义，如果学生将来想在医疗、教育等领域工作，可以挑选更容易进入那些领域的大学深造。

学校对申请者进行针对性的筛选，能够找到更有潜力且更适合本学校氛围的候选人。美国伊萨卡学院（Ithaca College）为入学申请者设立了一个类似 Facebook 的社交网站 IC PEERS。申请者可以通过该网站联系学院的老师或者互相联系。伊萨卡学院通过收集 IC PEERS 上的账户照片数量、好友数量等数据并加以分析，研究具有什么样网络行为的学生更有可能就读于伊萨卡学院。

9.4.2　大数据助学

根据国家扶贫办发布的数据，中国现有 8 000 多万贫困人口，在湖南、河南、广西、四川、贵州、云南 6 个省（区）的贫困人口都在 500 万以上。2016 年 9 月，甘肃 28 岁母亲因为贫困，砍杀 4 子女后自杀，引起了社会各界的广泛关注。贫困人口以及因病返贫的家庭，对于孩子的教育成本难以承担。

贫困生申请本身对学生心理就是一个冲击，若能通过数据分析定位需要资助的学生予以帮助，无疑是教育领域的一大进步。南京理工大学教育基金会通过在校生的数据收集和分析，将每个月在食堂吃饭超过 60 次，一个月总消费不足 420 元的学生列为受资助对象，采取直接将补贴款打入学生饭卡的方式予以资助，无需学生填表申请和审核等流程。这一措施在资助需要帮助的学生的同时，保护了学生的尊严。

甘肃省建立了全省 417 万名贫困人口基本信息的扶贫"大数据库"，在大数据的支撑下，各项教育免费和资助政策能够精准到人，接受资助的贫困生不需要再张榜公示自己的家庭情况，保护了孩子们的自尊心。此外，教育精准扶贫大数据平台汇集了各受教育阶段的扶贫对象、扶贫现状、扶持措施、扶贫效果等综合信息，具有查询、统计、分析、筛选等多种功能，能够准确反映教育精准扶贫的工作进展情况和政策实施效果。

美国教育部发起"我的学生数据"（MyStudentData）计划，将助学金免费申请表与联邦助学情况的信息共享，使学生与资助人能够上网找到所需信息资源。美国耶鲁大学、哈佛大学、斯坦福大学等也先后启动了教育大数据研究计划。美国政府希望通过信息共享、提供数据分析模型等方式将大数据应用于众多领域，让个人、公司、机构等都参与到信息交互和价值产生的转化过程中去。

9.5 促进教育决策科学化

9.5.1 基于数据的教育决策备受重视

随着世界经济的融合、社会的快速发展和技术的不断进步，教育在各国发展中的作用愈加重要。而教育规模的扩张、教育管理的复杂化、精细化，合理的教育决策关乎着教育行业本身能否健康发展。数据通常是决策的前提和依据，而教育决策与诸多家庭的孩子们紧密相关，甚至影响着国家的未来发展，更需要辅以充分的数据予以支撑。很多国家设立了专门的机构研究教育数据，为政府决策提供服务。比如美国成立了教育科学研究所（The Institute of Education Sciences，IES），日本成立了国立教育政策研究所、韩国成立了教育开发院等以美国为例看大数据在教育决策方面的应用。

美国于 2002 年通过了《教育科学改革法案 2002》（Education Science Reform Act 2002），并应法案要求，成立了教育科学研究所 IES。IES 隶属于美国教育部，它的职责是为美国的家长、学生、老师、研究人员、政策制定者、社会公众等提供可信的信息，在拓展基础知识、理解各级教育等方面为美国起到引领作用。

IES 支持教育决策的活动包括开展长周期的教育研究和调查项目，资助所外教育研究项目，收集和分析教育数据，评估国内教育发展情况，评估大规模教育项目和联邦教育项目，支持国际评估，辅助各州提高学校教育质量，信息公开等。

IES 由四个中心组成，这四个中心分别是国家教育研究中心（The National Center for Education Research，NCER）、国家教育统计中心（The National Center for Education Statistics，NCES）、国家教育评估与区域援助中心

（The National Center for Education Evaluation and Regional Assistance，NCEE）和国家特殊教育研究中心（The National Center for Special Education Research，NCSER）。其中，国家教育统计中心负责收集教育数据，并以最高标准对这些数据进行统计分析；国家教育研究中心负责资助对教育知识积累、理解教育的研究工作，并整合教育研究工作。

政府必须在充分的数据分析的基础上才能运转良好，为了更好地支持美国教育部的决策工作，NCES 负责收集、编纂和报告从学前阶段到研究生阶段的教育条件和教育进展的统计数据，并保证这些统计数据和报告信息是客观、中立、长期、没有偏见的，且对决策者、研究人员、教育从业者和公众都是公开可用的。

NCES 收集的数据包括：州和地方的教育改革活动；州和地方的幼儿学校教育准备活动；学生在阅读、数学和科学方面的成绩；中学毕业率、辍学率和成人读写能力；教学实践信息；教育场所的教育、教学条件，教师的供应和需求；影响学生和学校人员的暴力事件的发生率、频次、严重性和性质；教育的管理和资金筹集，包括收入数据和支出数据；儿童的社会和经济地位；小学和中学阶段学校对教育技术的使用状态；幼儿获得教育的机会；学前和学校教育结束后的适应性项目；学生通过特定项目参与中等、高等职业技术教育的情况；学校图书馆及其使用情况等。

NCES 收集到的数据通过适当的分类和统计方法计算后，公开发布为教育统计报告，辅助促进教育政策的决策和制定。美国 2015 年发布了《每一个学生成功法案》（Every Student Succeeds Act），取代了 2002 年发布的执行了超过十年的《不让一个孩子掉队法案》（No Child Left Behind Act），标志着美国联邦政府将公立学校包括学生成绩在内的控制权归还于各州和地方学区。《不让一个孩子掉队法案》的问责原则之一是学校必须提高所有学生的学业成绩，但实际上许多州发现这样的目标并不切合实际。如数据显示，《不让一个孩子掉队法案》颁布后，美国学生语言测试得分有所提高，但是阅读成绩和数学成绩则出现了不同程度的下降。这一法案导致学校越来越重视州考科目的教学，而不考的科目，如社会学习、美术、音乐等，则被大大地削弱，该地区学校一年级至五年级社会学习课课时减少了 3 成以上。《每一个学生成功法案》是在数据实证的基础上对原来法案的替代，新法案的未来也将通过数据加以评估和修正。

9.5.2 我国试水大数据支持教育决策

加快推进教育管理信息化是支持教育科学决策的迫切需要。教育改革发展涉及面广、难度大，越来越需要全面准确的数据支撑。建立教育基础数据库，开展数据分析与科学预测，已成为支持教育宏观决策的迫切需求。我国传统的教育数据获取渠道单一，种类和数量都极为有限，难以发挥决策支撑作用，更难以发挥数据的预测价值。随着大数据时代的到来，我国也在采取积极手段充分采集并利用教育数据，辅助教育决策。

教育部部长袁贵仁在 2013 年的全国教育管理信息化工作视频会议上的讲话上明确指出，教育改革中的一些瓶颈问题、社会关注的一些教育热点难点问题，都迫切需要通过教育管理信息化加以解决。加快推进教育管理信息化，建设好国家教育管理公共服务平台，全面准确地掌握全国学生、教师和学校办学条件的动态数据，对于提高教育服务水平、支撑教育科学决策、加强教育管理，都具有十分重要的意义。

我国在全国范围内实现了学校"一校一码"，师生"一人一号"，为所有学生、老师、学校及学校资产建立全国唯一的电子档案，建立覆盖学前、中小学、中等职业教育、高等教育的学生、教师、学校办学条件三大基础数据库，确保数据准确、可靠，形成从中央到省、地、市、县、学校的国家教育基础数据库。我国还在省部两级建立了数据中心，在全国建设了统一的教育管理数据交换平台。在教育部建立的中央级数据中心，部署和运行中央级教育管理系统。在省级教育行政部门建设集中统一的省级数据中心和教育管理云服务平台，满足国家信息系统建设的需要和本省自建的其他各类管理信息系统运行需要。教育管理数据交换平台建立中央、省、地市、县和学校基础数据库的数据交换体系，实现从学校到县、地市、省和中央的数据交换与共享；过渡时期内完成国家信息系统和地方、学校已建系统的数据交换；实现与财政、发改、公安、社会保障等其他部门系统的数据交换。

我国北京、上海是公认的一线超级大城市。统计局数据显示，2015 年末上海市常住人口总数为 2 415.27 万人。这类城市由于其师生基数大、信息化程度高、经济基础好，率先在教育大数据的决策支持方面试水。2015
年 1 月起，上海市教委针对"基于课程标准进行教学与评价"项目，委托
第三方专业机构对全市 16 余万名一年级学生家长进行了大数据全样本调
研，结果显示上海一年级小学生普遍适应小学生活，并能感觉到上学的快
乐和对学习的兴趣。具体来说，92.46%的一年级小学生能独立完成或基本
独立完成作业；超过半数以上的家长认为"孩子能够适应学校生活"，并
有较高的学习兴趣，"学习压力"为适度；近九成家长认为学生普遍感觉
上学是"很快乐"的，并能够在上课时较好地集中注意力。

　　第三方大数据调查还显示，全市大部分学校都设置了学习准备期，安
排了快乐活动日和家长开放日，97.97%的学校不对学生进行排名或变相排
名。第三方专业机构还对学生感受与政策执行情况进行了相关性研究。研
究结果表明，执行政策的有效性与学生的学习状态有着高度的相关性。布
置作业的频度、快乐活动日设置与否和学校采取的考核评价方式直接影响
到学生的学习兴趣和快乐指数。政策执行情况与学生是否较快适应学校生
活的相关性也十分明显。

　　这是从大数据的角度对政策的执行、落实和效果进行的全面评估。基
于实证大数据的调查结果，上海市教委还将进一步调整和制定政策的整改
计划。

第3篇　城市治理应用大数据存在的障碍

社会各界都已经意识到大数据的战略价值，为推动城市治理的智慧化，很多城市提出建设智慧城市的目标。2012—2014 年，住房和城乡建设部分 3 批共确定 277 个城市（区、县、镇）为国家智慧城市试点。这些城市也在积极探索城市治理的大数据应用，如广州市设立了大数据管理局，该局的一项重要职能即为统筹协调城市治理智能化视频系统建设，推进视频资源整合共享和综合应用。宁波市推出了"宁波通"，融合了交警、城管、气象等多个部门、几十个业务系统的交通信息，涵盖城市的交通设施、交通工具以及所有交通事件，为出行者提供全面、实时的信息。北京市在城市治理大数据应用方面也进行了一些探索，并取得一定的实效。虽然，这些城市利用大数据进行的城市治理收到了一定成效，但离真正的智慧城市还有较大差距，大数据应用存在很多障碍。本章将分析我国城市治理应用大数据存在的障碍。

10 应用大数据缺乏数据资源

城市治理应用大数据，首先需要大量数据资源，尤其是政府数据。除了涉密数据，绝大部分政府数据应做到对内共享、对外公开。目前，大数据还面临着"巧妇难为无米之炊"的困境。一方面，政府内部数据共享不畅。出于狭猫部门利益的考虑，很多部门将数据视为部门资产，不愿意与其他部门共享。另一方面，数据开放处于起步阶段。有些部门数据公开的力度不够，无法为大数据应用开发者提供足够的有效数据；还有一些部门虽然有对外公开数据的意愿，但由于未能掌握翔实数据，使得这些部门在数据公开方面心有余而力不足。

10.1 数据条块分割制约共享

城市治理的"数据化"是大数据技术引领人类社会发展的必然趋势。我国有一半以上的城市树立了建设智慧城市的目标。事实上，大数据的应用成效才能决定城市是否真正"智慧"，而如何"清洗"海量数据并为城市系统的运行管理决策提供支撑，是智慧城市建设的关键。中国不同省份、不同部门，甚至同一省份不同委办局之间数据集类型差异较大，数据集格式不统一。数据在不同行政层级集中，且数据的管理缺乏统一的标准，致使无论数据格式、数据结构、采集指标都存在差异。只有数据集类型和格式统一，才有利于数据的收集、整合、分析和处理的自动化。

10.1.1 "金字工程"

"金字工程"是国家为实现各行各业信息化而启动的、以金字命名的一系列重大信息化建设工程。主要有金桥工程（国家公用经济信息通信网工程）、金关工程（国家经济贸易信息网络工程）、金卡工程（以各类电子货币即银行卡与非银行卡应用为重点启动的各类卡基应用系统工程）、金税工程（全国税务信息化工程）、金盾工程（全国公安工作信息化工程）、金信工程（国家统计信息建设工程）、金智工程（教育信息化工程）、金卫工程（中国医疗和卫生保健信息化工程）等。

这些工程的特点是相关数据在中央政府层面集中，国家政务体系自顶而下从中央到地方乃至基层单位，以统一平台、统一规范的方式实现了信息数据的实时共享。"金字工程"大多横跨全国，建设周期长，涉及人员多，力求获得技术标准的一致性，网络的互操作性。比如，"金水工程"的目标是争取准确地做出降雨、洪水和旱情的预测报告，为防洪抗旱调度决策和指挥抢险救灾提供科学依据和有力的技术支持。要达到该目标，需要有多种通信快速通道组成报汛网，遍布主要河流的报汛站，还要有成千上万的信息采集点。

"金字工程"力求满足银行、保险、证券、电信、航空、旅游等服务行业对信息化的迫切需要，基本都是按照"统一规划、统一标准、统一协调、统一部署、分步实施"等方针推进的。这些领域的信息化建设采用了顶层设计，带动了各地垂直部门的信息化，提高了垂直行业的信息化水平。无论是内部共享还是对外开放，金税、金关、金财、金审、金盾、金宏、金保、金土、金农、金水、金质等信息系统能较快实现通过统一平台进行数据共享和交换的目标。

10.1.2　重复领结婚证看跨地区数据共享

有很多数据是在地方政府层面集中的，主要在省市级集中，有些数据甚至只掌握在地市级手中。

仅在省市级集中，不能全国联网的最典型的数据是婚姻登记数据。直到 2015 年，31 个省（自治区、直辖市）婚姻登记信息才实现全国联网。以往，异地的婚姻登记需要开很多证明、盖很多公章，而且，对于跨省的重婚、骗婚等违法犯罪行为很难查处。曾有一个重复领证的案例。2003 年12 月 5 日，刘某和陈某在黑龙江老家登记结婚，婚后一直在深圳生活。2013 年，因为搬家找不到结婚证了，两人总觉得没有结婚证有种不合法的感觉，决定再去补领一本结婚证。陈某是陕西人，在 2007 年更正过身份证信息，所以他们再补领一本结婚证，需要先回陕西开证明，然后再回到黑龙江补领结婚证。"一本结婚证，要跑两个省"，刘某夫妻觉得太麻烦了。2013 年 8 月 19 日，刘某和陈某来到深圳市龙岗区民政局申请结婚登记，领取了一本结婚证。原以为就相安无事了，谁知 2015 年接到社区工作站电话，称根据新结婚证的时间，他们的孩子属于非婚生子，上学会受到影响。他们于是向龙岗区民政局提出撤销结婚申请，对方却告诉他们无法撤销。他们只好通过盐田区法院申请撤销 2013 年 8 月 19 日颁发的结婚证。

除了婚姻登记数据外，目前，还有大量的数据在省市级集中，例如社保、医保等数据。

（1）社保数据。以往的社保卡均为各省、各市州自行制作，卡的颜色、卡号位数都不统一。不仅出省不能使用，省内不同市州也无法通用，这给社保信息最终实现全国联网、转移、接续带来了很大障碍。2011 年《社会保险核心业务数据质量规范》出台后，社保卡全国统一，以身份证号码作为个人参与社会保障的编码。同时，参保信息也全国联网，包括参保者的年龄、缴费金额、养老金、参保年限等核心业务数据。这样有利于参保者在全国范围内的跨地区就业、社保接续转移。"国标"旨在实现社保服务"记录一生、服务一生、跟踪一生"。预计 2017 年社保数据能实现全国联网。

（2）医保数据。2016 年初，国务院印发《关于整合城乡居民基本医疗保险制度的意见》，就整合城镇居民基本医疗保险和新型农村合作医疗，建立统一的城乡居民基本医疗保险制度提出明确要求。以往前者由人社部门管理，而后者由卫生部门管理。截至 2016 年 6 月，国务院文件印发后已有河北、湖北、内蒙古 3 省区率先出台了整合制度的总体规划。另外，加上此前已全面实现制度整合的天津、上海、浙江、山东、广东、重庆、宁夏、青海和新疆生产建设兵团，全国已有 10 余省份在推进制度整合中均明确将整合后统一的城乡居民基本医疗保险制度划归人社部门管理，实现了城乡三项基本医疗保险制度乃至整个社会的保险制度由人社部门统一管理的目标。

10.1.3 机动车摇号看跨部门数据共享

2011 年开始，北京申请燃油机动车车牌需要摇号。对于非京籍的申请摇号，最早申请人条件如下："非本市户籍人员以及持有本市有效暂住证且连续五年（含）以上在本市缴纳社会保险和个人所得税的非本市户籍人员。外埠人员需通过所在单位或所在街道办事处办理 5 年以上社保以及完税证明，从而获得申请指标的资格。" 2015 年开始，这一条简化为："持有本市有效暂住证且连续五年（含）以上在本市缴纳社会保险和个人所得税的非本市户籍人员。"

这缩减的几十字不只是意味着非本市户籍人员省了眼力和脑力，更关键的是省了大量的时间和精力，不用再跑去所在单位或所在街道办事处办理 5 年以上社保以及完税证明。因为在网上申报时，系统能够自动审核申请人是否有社保和完税证明。这背后的关键就在于数据共享。

设想若没有数据共享，将会有多少非本市户籍人员到处去找人签字、盖章。由此可见，跨部门的数据共享能带来极大的经济效益和社会效益。但是，数据共享并非简单地将社保局和税务局的数据交给交管局，这样也是对个人数据的不负责任。实际操作过程是将这些数据放在一个数据交换平台，交管局提交一个人的身份识别号及身份证号，社保局和税务局会根据该号码反馈其社保和个税缴纳情况，全部由系统自动完成。

10.2　数据开放阻力重重

开放数据在中国起步较晚，各方虽在积极探索，但进展仍然缓慢。民间组织率先开展了相关活动。影响力较大的是 2014 年由开放知识基金会（中国）联合一些相关的社会组织共同发起了"开放数据中国"活动。近年来，中国政府官方对于开放数据也开始重视。2015 年 9 月，国务院发布了《促进大数据发展行动纲要》，纲要首次在国家层面推出了"公共数据资源开放"的概念，将政府数据开放列为中国大数据发展的 10 大关键工程。纲要设定了两个关键目标：2018 年底前将上线国家政府数据统一开放平台，以及 2020 年底前"逐步实现信用、交通、医疗、卫生、就业、社保、地理、文化、教育、科技、资源、农业、环境、安监、金融、质量、统计、气象、海洋、企业登记监管等民生保障服务相关领域的政府数据集向社会开放"。具有探索精神的地方政府纷纷推行开放数据应用活动，浙江省交通运输厅宣布，将大数据引入交通管理，助力道路治堵；上海市科委发布了推进大数据研究与发展的三年行动计划，在医疗卫生、食品安全、智慧交通等领域探索交互共享、一体化的服务模式；广东起草了实施大数据战略的工作方案。尽管如此，由于对重要性认识不够，以及制度、成本等因素的限制，数据开放仍面临重重阻力。

10.2.1　省市的数据开放探索

与美、英等国不同，中国没有国家层面统一的数据开放平台，省市在数据开放方面扮演了重要的角色。截至 2016 年 3 月，中国已经有 19 个省市推出了自己的数据开放平台，在政府数据开放的试验中取得了一定成绩。2012 年 6 月，上海市政府推出了全国首个开放数据门户——上海市政府数据服务网（datashanghai. gov. cn），正式对外提供一站式的政府数据资源，首批重点开放了政府审批、备案、名录类数据。北京也在同年上线了北京市政务数据资源网（bjdata. gov. cn）。2013—2015 年的三年间，区级、市级、省级三类地方政府相继开展了探索工作，包括武汉、青岛、厦门、深圳、杭州在内的近 15 个地方都陆续上线了各自的开放数据门户。而这批先行者的共同特质，则是都位于沿江、沿海地域，经济发达，具备信息化基础，且通常被认为是所处地区中具备一定改革、试点能力的地方。到 2015 年，贵州、陕西等中西部省份开始开放数据的实践，尤其以贵州为代表，成立了大数据试验区，发展大数据相关产业。至此，与大数据产业相关联的政府数据开放服务在全国范围内开展。

地方开放政府数据项目仍是处于初级探索阶段。复旦大学研究团队选取了比较有引领性的、有代表性的七个地方，北京（www. bjdata. gov. cn）、上海（www. datashanghai. gov. cn）、贵州（https：//www. gzdata. com. cn）、武汉、青岛、深圳、湛江进行比较分析。截至 2015 年 12 月 31 日，发布数据最多的是武汉（635 个数据集）、上海（435 个数据集），发布数据最少的则是湛江（29 个数据集），平均每个地方发布 278 个数据集。可机读数据开放最多的是上海市，一共有 398 个数据集。其中仅 17.21%的数据按承诺得到了更新。各地的开放数据中，没有明确赋予并保障解读数据、分享数据、数据使用自由增值的权利，没有明确保障数据的永久免费。各地方所发布数据中符合机器可读的平均比例为 84.1%，其中北京可机读比例最高（100%），武汉则最低（54%）。多数数据是以 PDF 格式发布，以信息公开为主，不能直接利用。各地对数据的授权条款，则无一满足开放授权的要求。从各省市开放数据门户也可以看到，共有的问题是内容还不够充实、使用过程繁琐，一些版块标签、链接等细节有待完善，导致用户不便查找相关数据。

2014 年，开放知识基金会针对大学学生、科研院校学者、新闻媒体工作者、IT 专业人士等人群对开放数据概念的理解及对目前中国境内开放数据发展现状的认识进行调研。在近 200 人的回复中，超过 50%的人表示从未听说过北京、上海等地有开设开放数据门户，而那些知道且真正有访问、使用过开放数据门户的人则仅仅占到了 8%。可见，地区开放数据平台在中国的公众推广程度不高，这也不利于开放数据的再利用。

总体而言，目前各地开放数据停留在政府信息公开和数据发布，没有达到政府数据资源的开放增值和自由利用。在开放平台上，缺乏人性化的界面交互体验，缺乏便捷化的数据获取渠道。并且，政府开放网站数据质量还有待提高，开放数据网站的宣传力度不够，数据应用开发不足。

10.2.2　北京数据开放概况

北京的政府数据开放平台名为北京市政务数据资源网（http：//www.bjdata.gov.cn/），于 2012 年 10 月开始试运行。截至 2015 年 12 月，北京市政务数据资源网已经发布了 36 个政府部门提供的 306 个数据集，覆盖了旅游住宿、交通服务、餐饮美食、医疗健康、消费购物、生活服务、企业服务等 17 个主题，包括 47 个二级和 84 个三级类目。一级数据类目覆盖了诸如教育、医疗、交通、就业等与民生相关的主要领域，但次级类目并没有很好地划分和体现类目下的主要内容。

在资源覆盖率方面，目前提供的资源难以满足大众的主要需求。例如"交通服务—飞机"类下，仅有"机场交通"这一个三级子类目，缺乏对机场、航班等内容的分类信息，且对应资源仅有机场大巴路线和站点，对于大巴时刻表、机场快轨等重要的机场交通相关内容也没有对应的数据资源。"劳动就业—就业服务—人才服务中心"这一类下，仅有"北京市残疾人就业指导中心"这一个数据资源，远远不足以覆盖这个类目涵盖的内容和用户需求。

在目前上传的所有数据集中，超过 80% 的数据集最后更新日期在 2012 年和 2013 年，2014 年和 2015 年上传或更新的数据集不足全部数据的 20%。网站中大部分的数据集只提供 CSV 格式的下载。大部分数据内容仅包含名称、电话、邮编、地址等简单信息，缺乏更详尽的内容。例如"医疗健康—医疗机构—综合专科医院"中的"三级医院"这个数据集，仅有北京市三级医院的名称、地址等内容，而没有科室信息、医生信息、门诊信息等公众有广泛需求的内容。只提供简单的数据信息，会造成数据难以进行社会化利用、缺乏增值应用价值，难以实现数据开放平台建立的初衷。

10.2.3　数据开放的阻力

一是相关的公务员缺乏动力。

从事数据开放工作的公务员对于数据开放积极性不高，主要原因在于以下三点：

（1）自由量裁权的缩减。数据不开放，部门的运营状况对外是一个黑箱。对于一个主要对上负责，由上级考核的政治体系来说，可以针对上级领导的考核目标，灵活调整业绩数据。例如，上级要求完成 3 件任务，实际完成 5 件，可以选择汇报 3 件，多余的 2 件明年使用。而没有达标时，可以多报，明年补充。数据开放后，此灵活性将不复存在。

（2）信息垄断租金流失。不少拥有审批权的部门，官员可以通过信息垄断向企业寻租。数据开放之后，将无租可寻。

（3）工作量的增加。数据开放还需要委派专门的人员，整理、审核、发布和更新数据，增加了工作人员的工作量。

二是缺乏制度保障。

（1）数据开放类型没有专门的法律。哪些数据种类必须开放，哪些不能开放，没有专门的法律予以约束。这样，官员在决定是否开放时，都会以保守优先，能不开放尽量不开放。

（2）数据开放平台没有监管权力。大部分省市数据开放平台行政级别低。例如北京的数据开放平台在经信委下面，是一个处级单位，没有权力要求其他级别更高的部门提供、维护和更新数据。

（3）数据开放没有纳入政绩考核。不纳入考核体系，公务员不会将其作为一项职责来认真完成。完成得好没有奖励，完成不好也没有惩罚，公务员的积极性不高。

三是开放成本高而短期效益不明显。

不同地区，不同部门的信息系统开发商不同，采用的数据格式也不一致。将数据格式标准化，再迁移到统一的平台，耗资巨大。例如北京市某局初步估计，若将其数据全部迁移到市平台，预算需要 600 万元。北京有 117 个委办局，其投入可想而知。但是，短期内政府数据开放能新增多少就业岗位及财政收入，很难估算。政府在投入之前，需要进行投资效益分析，如此算来，很多地方会选择投别的项目。

四是数据归属复杂。

前文已介绍了中国从中央政府层面建立了很多"金字工程"，这些系统是垂直管理的，全国相关的数据都实现了集中，部委具有控制权，地方政府缺乏权限。同时，地方政府也建立了很多信息系统，中央政府没有管理权限。这些数据的共享尚不容易，在统一的平台进行开放则更难。

11　应用大数据存在隐私风险

　　隐私这一概念随着技术发展、社会进步而产生，并不断随之发生着变化。隐私涉及面极广，与社会学、法学、信息技术都密切相关，对之进行明确界定难度较大。隐私泄露对个人可能造成歧视、诈骗、骚扰、人身伤害等危害，严重影响了社会稳定和人身安全。当前个人数据的隐私保护缺乏有效措施，隐私保护不仅面临着所保护内容不明确的挑战，还面临着难以匿名化、数据难以完全删除、以往安全的数据类型在大数据时代也能分析出个人敏感信息等多重新挑战。若要更好地应用大数据，必须平衡大数据的使用和隐私保护之间的关系。城市治理如果处理不好隐私风险，应用大数据可能会受到市民的抵制。

11.1　隐私概念由来

　　隐私与法学、社会科学、信息技术密切相关，并随之不断发展，存在界定困难的问题。1890 年，波士顿律师塞缪尔·沃伦（Samuel D. Warren）和路易斯·布兰迪斯（Louis D. Brandeis）在《哈佛法律评论》杂志上发表了题为《隐私权》的文章，首次提出隐私保护的概念。这篇文章中，沃伦和布兰迪斯认为隐私权是一项不受别人干扰的独特的权利，这项权利是个人自由的起点，应受到保护，只有界定并保护这项权利，才能保障个人的信仰、思想、情感和感受。

　　《隐私权》一文成为美国隐私法的开创性著作，也将隐私权明确为公民人格权利的重要内容，而隐私本身在不断的争议中逐渐在各国得到法律的确认和保护。1928 年，正值美国禁酒高峰期。一位名为奥姆斯特德的美国人因涉嫌贩卖私酒，被联邦调查局（FBI）在未获得搜查证的情况下监听其办公室和住宅电话。被裁决为有罪后，奥姆斯特德认为 FBI 的窃听行为违反了美国宪法第四修正案的规定：任何人的人身、住宅、文件和财产不受无理搜查和查封，因而侵犯了公民的隐私权，FBI 得到的证据应不予采信。官司打到联邦最高法院，9 名最高法院的大法官投票以 5 比 4 的比例驳回了奥姆斯特德的上诉，理由是通话不属于人身、住宅、文件和财产，因而 FBI 的室外窃听不构成对该名人员隐私权的侵犯。

虽然官司以奥姆斯特德的个人败诉而告终，但对这一判决结果的反对意见则引发了广泛热议。持反对意见的布兰迪斯法官认为由于新技术的产生和发展，不断为政府提供更强的监听工具，对隐私权的侵犯已经不需要物理的、强制性的侵入，即使是国家行为，如果没有合法授权也应被视为违宪。之后，布兰迪斯的观点被广为关注，越来越受到社会各界的认可，逐步改变了美国法律界对隐私权的态度。1967 年，发生了类似于奥姆斯特德案的卡兹案。在该案件中，联邦最高法院做出了与 1928 年贩酒案件不同的判决结果，最终认定 FBI 窃听得到的证据侵犯了公民隐私，依法予以排除，确立了"隐私权的合理期待"的保护标准。这一案件是美国隐私权史上里程碑式的案件，也成为其他国家界定"隐私权"的重要参考。

无论是英美法系还是大陆法系国家，公民个人隐私权保护的概念都经历了要求他人尊重自己独处不被打扰的被动保护，到自我决定个人信息隐私的主动保护的过程。20 世纪后，世界各国宪法中逐渐出现了对公民个人隐私权确认与保护的规定，包括住宅隐私、通信隐私、个人信息隐私等。如韩国宪法第 17 条规定，所有国民的私生活的秘密和自由不受侵犯；第 18 条规定，所有国民的通信秘密不受侵犯。我国宪法第 40 条规定，公民的通信自由和通信秘密受法律的保护。

美国宪法虽然没有对隐私权的保护，但可以从宪法修正案的第 1、第 3、第 4、第 5、第 9、第 14 条推导出来，美国加利福尼亚、阿拉斯加、蒙大纳、佛罗里达、夏威夷等州还通过修改州宪法的方式明确保护隐私权。英国形成了一套法律机制保护隐私，对公民个人隐私的秘密信息、个人生活和私人场所等相关的内容，都有法律加以规定。如对公民私人领域（包括家庭生活、个人通讯、住宅、婚姻等）的保护方面，有《1985 截取通讯法》、《1997 防骚扰法》、《2000 侦查权规制法》、《2000 信息自由法》等。

除了法律领域外，隐私在社会科学的其他领域，如心理、社会、哲学、市场营销、经济等，已被研究了 100 余年，几乎所有的领域都试图从自己的角度出发为隐私提供一个合理的解释。众多隐私的定义大致可被分为四类：隐私是一种权利、隐私是一种商品、隐私是一种状态，以及隐私是某种控制能力。隐私是一种控制能力的理论更受到了大家的认可，这是由于它的定义使得隐私更接近于信息属性，同时已经在信息系统、市场营销等领域得到了进一步的发展。

　　虽然大家对隐私的认识有了一定的倾向性，各领域的专家也做了许多努力，希望能够综合各领域的理解给隐私定义一个通用的概念，但直至 2014 年美国举办的大数据隐私保护研讨会，各界依然在为隐私的概念、内涵争论。美国商务部电讯与信息管理局于 1995 年 10 月发布了隐私与信息高速公路建设的白皮书，相对全面的对隐私进行了界定。白皮书定义隐私至少包括以下九方面：私人财产的隐私；姓名和形象利益的隐私；自己之事不为他人干涉的隐私；组织体或事业内部的稳私；某些场合不便露面的隐私；按照他人要求不得披露个人信息的隐私；性生活及其他私生活的隐私；不被他人监视的隐私；私人相对于官员的隐私。随着社会进步和技术发展，隐私的界定也将随之逐步演进。

11.2　隐私保护发展阶段

　　无论隐私的概念具体是什么，可以确信的一点是，隐私是在不断变化的，它随着技术进步、生活经验的变化而不断发展。史密斯、迪涅夫等在 2011 年发表的《信息隐私研究：跨学科回顾》一文中，将隐私随信息技术的发展划分为四个阶段。在此基础上，结合云计算、物联网、大数据的发展趋势，可以将信息技术对隐私的推动作用划分为五大阶段。在最近的阶段中，与隐私相匹配的法律法规仍需进一步完善。

　　隐私发展的第一阶段（1945—1960 年）。信息技术发展水平有限，个人对政府和商业部门高度信任，通常支持信息的收集。1945 年末诞生了人类历史上第一台计算机。这个重达 30 吨、占地约 150 平方米的庞然大物，主要用于军事用途，还无法用于民用，互联网也还未出现。此时以计算机为核心的信息技术尚处于起步阶段，而报纸的流行和摄像、录音技术的广泛应用，仍将人们的个人生活日益频繁地呈现在公众面前，以报纸为代表的媒体是披露个人隐私最早的信息技术。

隐私发展的第二阶段（1961—1979 年）。隐私信息在社会、政治和法律领域逐渐表现出明显的风险。以美国为例，人们对新技术潜在的负面效应有了初步认识，逐步形成公平信息实践框架（Fair Information Practices Framework）并建立起政府监督机制。各国也纷纷制定相应的法律法规，并采取一定措施。美国 1974 年制定了《隐私权法》、《家庭教育权与隐私权法》，1978 年制定了《财务隐私权法》；德国 1977 出台了《联邦数据保护法》；法国 1970 年增补了《民法典》第九条，明确对隐私权的保护，并于 1978 年通过了保护个人数据的法律，同年法国成立了国家信息技术与自由委员会，目的是保证信息技术不妨碍人权、个人隐私和自由。

隐私发展的第三阶段（1980—1990 年）。计算机、网络、数据库能力的快速提升，带来了显著的隐私风险。美国联邦政府设计将新技术加入公平信息实践框架中，欧洲国家则对个人和公共部门都建立起了国家数据保护法。如 1984 年英国制定了《数据保护法》，该法明确个人拥有对个人数据的使用控制权和了解数据来源的权利，对个人数据提供了保护；美国 1980 年制定了《电子通信隐私权法》、1988 年制定了《计算机对比和隐私权保护法》、《影带隐私权法》等，对个人信息隐私进行了保护。在技术手段上，加密、密码学、访问控制是这一阶段应对威胁、保护隐私的主要方法。

隐私发展的第四阶段（1991—2003 年）。互联网、数据挖掘等技术的发展极大地改变了信息交互的情况，引起了用户对隐私的关注和研究者的注意。各国和地区保护个人隐私数据的法律不断涌现，隐私保护技术也在不断进步。如 1998 年美国国会通过了《儿童网上隐私保护法》，保护儿童个人信息，同时，美国各州还制定了各自的隐私保护法，例如加利福尼亚州的《隐私与有线电视法》、伊利诺伊州的《通信客户隐私权法》等。1996 年意大利发布了《数据保护法》，1998 年瑞典通过了《个人数据保护法》，1998 年英国对《数据保护法》进行了修订，1999 年西班牙制定了《个人数据保护法》。2001 年我国在《关于确定民事侵权精神损害赔偿责任若干问题的解释》中首次明确以法律文件形式对个人隐私权予以保护。

这段时间的隐私与新技术的冲突还大多集中于单一的小数据，加密、密码学、模糊化、匿名化等技术是防止小数据范围内隐私泄露的常用手段。这些技术生效的基础是某些特定的背景知识和假设成立的条件下，属于对隐私的被动保护。

隐私发展的第五阶段（2004 年至今）。Web2.0、云计算、物联网、移动互联网、大数据等技术收集了大量的个人信息，它们带来的风险将人们对隐私的认识和关注提到了一个新的高度，这一阶段隐私的概念甚至包括了选择性共享信息的能力。各国在法规制定和惩罚力度上都有所提升。例如，法国国家信息技术与自由委员会 2005 年共发出 7 项禁令，进行了 11 项经济惩罚，最大的两张罚单是给里昂信贷和农业信贷的。这两家银行的受罚原因都是因为把一些有过支付事故的客户的个人资料提交给了法国银行管理机构。

这一阶段多国组织也采取措施对隐私保护加以支持。2013 年 12 月 18 日，联合国大会通过了"数字时代隐私权"的决议，强调隐私权是民主社会的基础之一，非法或任意监控通信以及收集个人数据，背离了民主社会的信念，是侵犯隐私权和言论自由权利的行为。2016 年 4 月，欧洲议会宣布支持新的更为严格的《一般数据保护条例》（General Data Protection Regulation），这是对 1995 年起草的数据保护规则的现代化更新，新条例的通过意味着欧盟对个人信息保护及其监管达到了前所未有的高度，以应对较之当年更为成熟、普及的网络及数字服务。

这一阶段对隐私保护技术的要求更高，传统的小数据范围内的隐私保护技术已不足以应对大数据收集、分析所带来的挑战，新的隐私保护技术在不断涌现，同时，新的法律、法规、行业规范等也需不断进步。

11.3 隐私保护的挑战

政府、企业和科研机构都极为重视并积极探讨大数据隐私保护的解决之道。2014 年 3 月，美国白宫科学与技术政策办公室联合麻省理工大学举办了大数据隐私保护研讨会，主要讨论了大数据带来的机遇与挑战、当前数据隐私保护技术、技术在隐私保护和管理方面所起到的作用等内容，以推动隐私保护顶尖技术和实践的快速发展。2014 年 5 月，美国白宫发布了《大数据与隐私保护：一种技术视角》白皮书，着重探讨了技术的发展与隐私发展之间的关系，明确指出大数据技术可为教育、医疗等方面带来极大便利，但也导致隐私泄露更为普遍，应鼓励适用于未来的隐私保护技术，并同步推进适用的法律和政策。

通过对大数据与隐私保护的探讨发现，隐私与新技术之间的争议主要在"个人数据"。以往，企业和机构收集、使用数据，数据以原始的形式存在、传播，数据被传统的统计方法分析。如今，随着城市中数据种类、规模的急剧增加，数据的分析规模和方法也随之快速发展，数据的应用方式更为多样灵活。特定目的的被动数据，如浏览数据、搜索数据，在与其他来源的数据聚合后，再使用新型的数据挖掘技术，隐藏的甚至是个人极为私密的信息都可被推导出来。如果利用不当，就会造成隐私泄露。而在"个人数据"范围内能够有效降低隐私风险的许多技术，如匿名化、数据删除等已无法直接适用于"大数据"的隐私保护了，"个人数据"范围内的非敏感数据，比如元数据，在"大数据"时代也成了敏感数据。

11.3.1 匿名化与去匿名化

大数据时代，当数据规模和种类不断增长时，A 处发布的匿名化数据，有可能根据 B 处发布的数据重新识别出个人，以及个人的隐私信息。美国有多个典型案例。20 世纪 90 年代，为了推动公共医学研究，美国马萨诸塞州保险委员会公布了政府雇员的医疗数据。为了防止隐私泄露，保险委员会在数据公布前删除了所有的敏感信息，如姓名、身份证号、家庭住址等，进行了匿名化处理。可是来自麻省理工大学的斯威尼（Sweeney）成功实现了去匿名化（De-anonymization），能确定具体某个人的医疗记录。去匿名化是指将匿名数据和其他数据来源相互对照，以重新识别匿名的数据的数据挖掘策略。斯威尼进一步研究发现，若将性别、生日和邮编作为一组特征来表征某个人，87%的美国人都能被唯一识别出来。

2006 年，美国在线公司（AOL）公布了超过 65 万用户在三个月内的搜索记录，以推动搜索技术的研究。美国在线也对数据进行了匿名化处理，用随机数代替用户账号。可接着《纽约时报》就成功地将部分数据去匿名化，并公开了一位用户的真实身份。编号为 4417749 的用户是一位 62 岁的独居妇人，家里养了 3 条狗，患有某种疾病等。这件隐私泄露事件引起了人们的广泛关注，美国在线公司为此事在北加州地方法院被起诉。

美国网飞（Netfilix）公司曾在 2006—2009 年成功举办了一项推荐系统算法大赛，吸引了全世界四万多个参赛团队。经过近 3 年的较量，最终 BPC（BellKors Pragmatic Chaos）团队夺得桂冠。而网飞公司仅以一百万美元的奖金就将他们的电影推荐系统的准确率提高了 10% 以上，吸引了大量人才，还获得了极为成功的广告效果，可谓一箭多雕。2010 年，他们又如法炮制，再次举办百万大奖赛，为不经常做影片评级或根本不评级的顾客推荐影片。可这次大奖赛并未带来预期的结果，反而由于隐私泄露被起诉，被迫取消了该竞赛。

网飞公司被起诉的原因有两种说法，一种说法是由于这次竞赛需要使用隐藏着观众口味的地理数据和行为数据来进行预测。新的比赛用数据集有一亿条数据，包括评级数据、客户年龄、性别、邮编、观看过的影片等信息。尽管所有的数据都是匿名的，无法把这些数据直接关联到网飞公司的任何一位顾客，但是把顾客的年纪、性别、邮编和以前观看过的影片等信息公开让许多人感到不安。美国联邦政府交易委员会开始关注这项大赛对客户隐私的损害，一家律师事务所也代表客户提交了对网飞公司的诉状。还有一种说法是网飞公司发布给参赛者的匿名化数据仅保留了每个用户对电影的评分和评分的时间戳，而来自德州大学奥斯汀分校的两位研究人员借助公开的互联网电影数据库的用户影评数据，获得了网飞公司的客户以及他们的全部电影浏览信息（包括敏感题材电影）。为此，网飞公司遭到了 4 位用户的起诉。

无论如何，在大数据时代，匿名化技术确实越来越容易被"合法"攻破了，要在这个时代利用匿名化对隐私进行足够的保障，无疑需要对匿名化技术本身加以提升。

11.3.2　被遗忘权

删除无价值的数据是业界公认的最佳实践之一，但在大数据时代这一实践也面临着两大挑战。第一项挑战在于难以确认数据是不是无价值的，造成数据拥有者"不舍得"删除数据。利用大数据技术可以从大量被认为无意义的数据或档案数据中获得经济和社会价值。而很多数据资源都包含了关于个人的信息，但这些信息只有在数据与别的数据源融合时才会出现，或者只有在新的数据挖掘算法被开发出来后才能被了解。在这样的情况下，数据拥有者几乎不可能认识到所有的数据都指向个人，更不可能按照一定的时间表或者应个人请求删除数据。因此，数据删除的动力欠缺。2010年，一名西班牙人在利用谷歌搜索引起搜索自己名字时，发现有一条链接指向1998年刊登在西班牙媒体的文章，该文章报道了他的个人住房被收回的情况。该男子不满谷歌将自己的私人信息放在公共搜索结果中，向欧洲法院提起诉讼，要求删除相关数据或采取保护措施。2014年5月欧洲法院才最终裁决用户拥有"被遗忘权"，支持该男子的诉讼。

第二项挑战在于数据的存储现状。当前的数据存储往往采用分布式、多备份冗余存储，以最高级别的数据删除技术是否能将数据（甚至只是局部的小数据）彻底删除都是不确定的。牛津大学教授维克托·迈尔-舍恩伯格（Viktor Mayer-Schnberger）在其所著的《删除》一书中指出，数字技术与全球网络正在瓦解遗忘能力，删除和遗忘成为奢谈，而记忆成了常态。数字化时代前，信息以实体形式存在，拥有者对信息的录入、提取、删除、分享能够掌控，而当今数字化传播技术改变了信息存储方式，当一条消息发布到网络空间后，众多网络用户都会参与扩散和存储，最终使得信息广泛渗透，无法彻底清除。

11.3.3 元数据的敏感化

由于数据集变得越来越复杂，相关的元数据也变得越来越复杂，原来不包含或很少包含敏感信息的元数据也成为隐私泄露的重灾区。元数据是表征数据的数据，用于描述数据的内容、特征和属性，包括谁、什么时间、在哪里、为什么、做什么、数据被使用的方面等，元数据可对数据进行管理和结构化，帮助人们更好地理解、发现和描述数据的关系、属性以及数据发展的来龙去脉，是数据管控的重要手段，广泛存在于日常生活中。如照片元数据包括拍摄时间、地点、相机型号、操作系统等文档元数据，包括作者、公司、时间、字数、页码、大小等；邮件元数据包括时间、收发人地址、大小、IP、设备等。在大数据时代，数据或元数据都可识别多种信息，甚至无法断言元数据比数据包含的隐私少。

元数据作为信息领域的名词，之前仅在通信、数据处理等企业、研究机构使用，而 2013 年，元数据成为了大多数人都知晓的科学术语。英国《卫报》在 2013 年 6 月 27 日爆料美国国家安全局多年经营一个名为"元数据"的项目，收集美国公民及在美居住人员的通信元数据，从而使美国政府又一个通信领域大规模秘密情报监视项目曝光。美国白宫发言人向公众保证，政府仅是获取元数据，并不会窃取任何人的通信内容，不会侵害隐私。美国科技博客 Techdirt 创始人兼首席执行官迈克·马斯尼科（Mike Masnick）表示，那些因为政府仅收集元数据而无所谓的人根本不了解什么是元数据。无需了解电子邮件内容、通话内容，仅通过电子邮件、手机元数据就可以了解许多用户信息，包括与谁交往以及可能谈论什么。

对电话元数据的众包研究发现，从通话对象的简单列表中就能获得具有高度揭示性的信息。由于对美国国家安全局从电话元数据获得的内容不了解，来自斯坦福的三位计算机专家乔纳森·梅耶（Jonathan Mayer）、帕特里克·穆切勒（Patrick Mutchler）和约翰·米切尔（John Mitchell）开始研究到底可以从电话元数据中揭示什么内容。研究人员邀请 800 余名志愿者参与实验，这些志愿者均用智能手机下载并安装了一个名为 MetaPhone 的应用程序。该程序能够收集电话的接打时间、号码，短信的收发时间、号码等信息。实验累计数据约 120 万条文本信息和 25 万个电话呼叫记录。如果元数据真的能够保护隐私，这些数据将透露不了什么。而事实上，这些元数据透漏了相当多的隐私。研究团队利用这些元数据，结合公开信息和商业数据库，揭示出了大多数人的位置和身份。通过电话记录将人们与各种诊所、商店和机构联系在一起，能够呈现出所患疾病、宗教信仰、药物使用等极为私密的信息。

类似的，麻省理工学院媒体实验室（MIT Media Lab）也发布过一款名为 Immersion 的工具，让人们可以通过它分析自己的电子邮件元数据。该工具可以搜索用户的 Gmail 电子邮件账户，查看其中的电子邮件元数据（包括发件人、收件人、抄送人、时间等），然后绘制并呈现用户联系网络的概况图。从图中可以轻易识别出联系人群的分布形态，识别联系人与使用者的关系，还可以调整时间轴，看到代表联系人的气泡膨胀、缩小甚至消失，从而查看联系人对使用者重要性的变化。而这些都是仅通过邮件元数据发现的。

当然，元数据也可用来进行犯罪调查，其中比较有代表性和戏剧性的当属对美国前中央情报局局长戴维·彼得雷乌斯（David Petraeus）婚外情的调查。联邦调查局调查一起电子邮件威胁案，报案人是彼得雷乌斯一家的密友。联邦调查探员通过威胁性邮件的地址获取了具体的地理位置，这些位置包括若干旅馆。探员要求旅馆提供在邮件发送时段内使用计算机的住客名单，引出了彼得雷乌斯的传记作者布罗德韦尔（Paula Broadwell），从而发现了布罗德韦尔与彼得雷乌斯的婚外情。

元数据是大多数在城市中生活的人所留下的数字足迹元素之一，大量且琐碎。以智能手机为例，一部手机能够通过电话、短信、邮件等活动发出近 100 份数据，包括手机与信号塔的通信时间、信号强度等。大多元数据可能本身无意义，但积少成多、聚沙成塔后，再与复杂的机器学习技术相结合，就可以勾勒出详细的个人敏感信息和行为。由于通信、大数据等技术的发展太快，以元数据为代表的数字足迹引起了人们对隐私和数据监视的担忧，同时也引发了对监控立法和政策研究的需要。美国前五角大楼办公室主任和前国家安全隐私事物律师都表示，元数据应引起对宪法第四修正案的重新审视。

在大数据时代，数据规模、种类和分析技术的迅捷发展显得很多原有的隐私保护技术不够"健壮"，不足以支撑新时期的隐私保护，需要研究新的技术和手段以适应隐私保护需要，在保证隐私的同时更好地引导数据在机构、城市、国家之间的流动，发挥大数据的优势。

11.4　隐私泄露危害个人

2016 年 8 月爆出山东临沂的准大学生徐玉玉遭遇电话诈骗，在 9 900 元学费被骗光后她伤心过度不幸离世。紧接着又爆出山东临沭县的大二学生宋振宁也在遭遇电信诈骗后，心脏骤停，不幸离世。两起案件中都有骗子明确知晓被害人的身份信息、银行卡信息、受资助信息等细节，无疑是隐私被泄露了。

在城市中，人们在生活在各类高清摄像头的注视下，网上的学习、生活被以数据的形式记录下来，个人在工作、生活更为便捷、学习效果更佳的同时，隐私可能也已经泄露。大数据既可以服务大家，提升生活、工作、学习的效率，也可能由于隐私泄漏对个人造成歧视、骚扰、诈骗、甚至人身伤害等危害。

一些公司正在搜集并处理大量急剧增长的数据，并煞费苦心地挖掘个人资料与他们的喜好，向他们反馈他们更为偏好的结果。这样做的结果就是形成过滤器，利用大数据技术从意识形态或文化上把人隔离开，阻止他们接触到对他们的偏见与假设构成挑战的信息，而用户本身很难知道这一情况，这也为歧视留下了隐患。例如，大数据可以做到个性化服务，而个性化会在定价、服务、机会等方面留下歧视的空间。哈佛大学的一项研究表明，在网络上搜索名字时，若该名字可能是黑人的名字（如德肖恩（DeShawn）、达内尔（Darnell）或杰梅因（Jermaine）），出现包括逮捕含义的推荐广告比搜索可能是白人（如杰弗里（Geoffrey）、吉尔（Jill）或艾玛（Emma））名字的概率高得多。广告推荐的算法是基于多种变量的综合决策过程，这项研究无法确定出现这种种族歧视结果的原因。但是，在某人求职、买房乃至使用搜索引擎时，可能已经在不知不觉中受到了歧视。

再如，教育大数据的正确使用可以修正教育过程，使之更加符合教育的本质，但教育大数据的收集和分析体现的往往是信息的表象而非解释，使用不当可能导致误解的出现，存在潜在的教育歧视，限制学生未来的发展机会。比如，大数据可以很好地展现学生过去的学习状态，也可预测该学生未来的成长轨迹，假如大数据预测他在科研方面很有天赋，可该学生在成长过程中可能由于某种契机走上企业运营或演艺的道路。若由于大数据预测结果，一味引导该学生向科研方向发展，忽视其他因素和机会，则限制了该学生的成长和成才空间。究其原因，教育大数据的获取更多地依赖于网络、计算机等"线上"信息平台，而人是发展性的、具有主观能动性的个体，学生的想象力、创造力、智慧等受到"线下"教育氛围、文化、学术精神等的综合熏陶，难以通过数据加以描述和统计。此外，过去的选择是清晰、确定的，而未来的选择由于受到多种无法数据化的因素的影响，充满了无限的可能性。

隐私泄露的途径主要有三大类：第一类是数据在采集、存储、传输、访问等环节中遭受攻击，数据泄露从而造成隐私泄露，即黑客利用木马病毒、系统漏洞等攻击造成的隐私泄露；第二类是数据被收集后，收集数据的公司或机构的内部或知情人员出于利益或其他目的私下公开或贩卖造成的隐私泄露，即管理不当造成的隐私泄露；第三类是数据在授权的存储、访问或发布后，授权人利用已有的数据进行分析、融合，从而推断并泄露个人隐私，即公开数据不谨慎造成的隐私泄露。无论通过哪种方式泄露了隐私，对被泄露者都是潜在的威胁，他们都可能成为犯罪、歧视、骚扰的被害者。

骚扰电话、骚扰邮件相信都不陌生，而电话、邮箱无疑属于个人隐私，是如何被获取的呢？2016年的"3·15"晚会上，主持人用常用的美甲APP预约了服务，结果个人姓名、住址、电话、预约服务人员的姓名、电话等信息在大屏幕上一览无余。我国互联网协会秘书长卢卫对"3·15"晚会中发生的隐私泄露情况的解释是，这是由两方面原因导致的，一是由于无线网络登录加密的等级较低或路由器本身就存在安全漏洞，容易被黑客入侵截获无线路由器所传输的数据；另一个是因为手机上某些APP软件没有遵守工信部要求，未对用户的信息数据采取必要的保护措施，使得黑客可从所截获的数据中直接提取到用户的姓名、生日、身份证号、住址等个人信息。

仅对2014年和2015年的重大隐私泄露事件进行不完全统计：2014年3月携程网出现技术漏洞，导致用户个人信息、银行卡信息等泄露，2014年下半年智联招聘86万用户简历泄露、东方航空大量用户订单信息泄露、12306火车订票官网被人撞库。2015年2月，知名酒店桔子、锦江之星、速八、布丁、万豪、喜达屋、洲际等网站存在高危漏洞，客户开房信息大量泄露。黑客可轻松获取包括姓名、身份证、手机号、房号、房型、开退房时间、家庭住址、信用卡后四位、信用卡截止日期等敏感信息。同月，主营安防产品的海康威视的监控设备被暴存在严重的安全隐患，部分设备已被境外IP地址控制。4月，上海、山西、沈阳等超过30个省市的卫生和社保系统爆出大量高危漏洞，数千万用户的个人身份证、社保参保信息、财务、薪酬、房屋等敏感信息可能因此被泄露。8 月，13 个省市、约 10 万名高考生的信息被泄露，这些信息包括考生姓名、考分、学校、家庭地址、联系电话等重要内容。11 月，申通被爆出 13 个信息安全漏洞，黑客利用漏洞入侵公司服务器获取了 3 万余条个人信息并非法出售。

隐私泄露给诈骗者带来了众多"机会"。2016 年 1 月，公安部公开了 48 种常见的电信诈骗犯罪案件。使用电话诈骗的占 63.3%，使用短信诈骗的占 14.8%，使用网络诈骗的占 19.6%。这些诈骗的共同特点是对诈骗目标的个人隐私信息或多或少都有了解。诈骗常用的手段有：（1）个人身份信息泄露后，骗子伪装成社保、银行、电信、公检法等机关的工作人员实施诈骗；（2）人际交往信息泄露后，冒充亲友、上司、工作伙伴等进行诈骗；（3）购物信息泄露后，冒充卖家、海关工作人员等进行诈骗；（4）简历等信息泄露后，冒充招聘人员诈骗；（5）交友信息泄露后，冒充交友对象诈骗；（6）家庭信息泄露后绑架诈骗；（7）电话、QQ 或邮箱等通信方式泄露后的中奖诈骗等。

隐私泄露对个人的危害极多，除了歧视、骚扰、诈骗外，还可能出现冒充身份申办信用卡恶意透支，个人信息曝光滋扰民众，冒充快递人员上门抢劫实施严重暴力犯罪活动等。

11.5　隐私泄露阻碍企业发展

已经有多项研究证实，若出现隐私关注问题，将引起用户个人信息披露意愿以及购买意愿的降低，这对企业无疑不是好消息。尤其当前科技的发展，根据客户的各类数据及时调整方向及决策成为企业生存的基础。若用户提供产品使用数据给企业，企业可以分析产品使用过程的优缺点，从而改善下一代产品或提供创新性的售后服务；若用户提供购买意愿数据给企业，企业可以针对不同需求提供更加个性化的服务；若用户提供多项数据给企业，企业可以进行综合分析，从而降低风险、改善决策效果。

如果用户信任某家企业，用户会更愿意提供个人信息供其使用，以便其提供更好的服务；当企业据此优化产品和服务后，用户会更愿意购买所信任企业的产品或服务。这样形成了良性循环，因而，获得用户"信任"的企业或机构更具有竞争优势。诺尔曼·E·鲍伊（Norman E. Bowie）、卡里姆·贾马尔（Karim Jamal）等学者也通过研究发现，企业在隐私管理策略中将自身塑造为"值得信赖"或"安全的"将更具竞争优势，反之，企业将受到不利影响。

以"棱镜门事件"为例，该事件使得美国之外26%的企业和科技部门决定减少或停止采购美国供应商的产品和服务，直接导致次年美国云计算服务提供商和外包服务提供商潜在营收增长不到8%，云计算服务提供商2014—2016年三年间的营收损失高达5亿美元。咨询和分析公司 Forrester Research 2013年预测棱镜丑闻将导致美国科技公司损失1 800亿美元的营收。调研了解到，许多美国以外的客户选择以加强安全和加密措施的方式继续采购美国服务而非完全拒绝，因此 Forrester Research 公司2015年将损失的预测值调整为470亿美元。但是对各个科技巨头来讲，损失仍然巨大。2013年中国电信的IP设备集采中，思科公司在传统优势项目——高端核心路由器项目上颗粒无收。2014年第一季度，美国服务器厂商在中国市场的份额出现明显下降，其中IBM X系列服务器降幅高达25%。

苹果、微软等科技巨头公司在"棱镜门事件"中扮演的角色使得公众普遍认为这些企业无法保护用户的个人隐私，这对于要向用户推广自己产品和服务的科技巨头来讲，面临着严重的信任危机。为了扭转公众的不良印象，树立自己安全可信的形象，在"棱镜门"爆发不久，Facebook、谷歌、微软、苹果、雅虎已通过媒体断然否认为政府提供秘密服务。

此外，作为棱镜门的主要参与公司之一，苹果在2016年公开拒绝为FBI解锁犯罪嫌疑人的手机。2015年12月，恐怖组织ISIS策划了一起恐怖事件，两名恐怖分子对加州圣伯纳迪诺的一家社会服务机构发起袭击，造成124人死亡。随后，两人在同警方枪战中死亡。执法人员在他们的汽车上找到一部iPhone手机。联邦调查局想让苹果公司解除"连续10次输入错误密码将抹掉所有数据"的功能，以便其可以穷举密码的方式解锁手机。联邦法官2016年2月16日下令苹果公司必须帮助联邦调查局打开该手机。但苹果CEO库克表示，美国政府想围绕苹果手机加密功能创建一个后门，这实际上是政府要求企业建立一个根本上有缺陷的产品，而不是提供平台保护，这一要求是极具危险的。若这一要求被同意，就意味着所有的加密措施在联邦调查局面前全部失效，联邦调查局以后能够名正言顺地通过后门获取任何智能设备的内部资料。之后，苹果公司与联邦调查局展开了马拉松式的诉讼。最终，以联邦调查局通过其他方式获得该手机密码，不再需要苹果公司的帮助而告终。

"棱镜门"、iCloud 照片泄露等事件后，苹果公司为了维护自身形象，不断强调不会为 iOS 设备留后门，用户数据绝对安全。如果这次苹果公司为政府开了后门，之前所做的努力将付之流水。通过与联邦调查局的公开诉讼，苹果公司告诉用户，"我公司将坚决维护用户的数据隐私权利，我们的产品是安全可靠的，用户的数据安全和隐私将得到保障"。这为重塑苹果安全可信的企业形象无疑是极大助力。

无独有偶，同样作为"棱镜门"参与公司之一的微软公司也在 2016 年 4 月将美国司法部告上法庭，要求修改不得透露政府索要用户数据行为的法律。美国《电子通信隐私法》规定，政府向科技企业索要用户的电子邮件等数据时，法院可以要求企业对政府予以保密，俗称"封口令"。微软不满的是，法院下达了过多的"封口令"。微软总裁兼首席法务官布拉德·史密斯表示"封口令"已成为惯例。在过去 18 个月内，政府基于《电子通信隐私法》共向微软发出 5 624 项获取用户数据的命令，其中 2 576 项禁止微软公开，且绝大多数的数据请求针对个人，但保密规定中却没有固定的终止日期。这意味着实际上微软被永久禁止告诉客户政府已经获取了他们的数据。

微软在诉状中表示《电子通信隐私权法》违反美国宪法。宪法第四修正案赋予个人和企业对政府搜查其资产的知情权，宪法第一修正案保障微软有向用户通报政府此类行为的权利。诞生于 1980 年的《电子通信隐私权法》已问世 30 余年，不少科技企业也都认为该法案已经过时，应予以修正。

之所以起诉美国司法部，很可能是由于微软正在大力发展云计算服务。云服务鼓励用户将数据保存在云端远程服务器上，而政府频繁下达调取用户数据的请求，以及"封口令"的日益增加，大大削弱了用户对云端隐私的信心，这对微软的企业发展显然是不利的。而与美国司法部对簿公堂，同样也彰显了微软公司保护用户隐私的决心和实际措施，是其树立关注用户隐私、安全可信的企业形象的手段之一。

在早期的隐私研究中，学界人士更多关注国家对个人隐私的侵犯。而时代发展至现在，大量的个人隐私掌握在各大科技公司手中。苹果、微软、谷歌、腾讯、百度、淘宝、京东、360等各大耳熟能详的公司手中掌握着用户海量的数据，企业在隐私数据保护中应该扮演怎样的角色值得探索。企业若做好大数据的隐私保护措施，不仅有利于提升自己的商业形象和产品推广，还可提高企业的生产率和竞争力。

12 应用大数据存在技术瓶颈

大数据是诞生于互联网、移动互联网、物联网、海量数据分析、大规模高度计算能力等技术之上,能够从大量庞杂的小数据集中发现知识,提高生产效率和产品质量,推动城市社会经济的发展。由于大数据依赖的技术基础众多、数据资源类型各异、数量庞大,若要获得良好应用,必须有强健、可靠的技术基础予以支撑。目前,还存在数据复杂性、增长规模和速度较快,处理技术未能同步;统计分析、机器学习等能力还无法满足数据分析要求;信息基础设施仍需完善;满足应用需求的隐私保护技术仍待研发等问题,需要在技术水平上不断提升,以突破这些瓶颈。

12.1 技术能力未与数据规模、速度和复杂性的增长同步

大数据技术需要处理的数据包括大批量高速的数据流、高度分布式的数据和大量异构的数据,现有数据处理技术不足以应对这些分布广泛、结构多样、高速生成、极为复杂的巨量数据。大数据处理系统需要研究新型的方法和工具,以收集、组织这些源自多个数据源的数据,并及时地将数据抽象为人和机器都可理解的信息形式。

近年来,互联网、物联网、科学试验、工程实施等涌现出了大规模、快速、非常繁复的数据,这些数据不仅体量大、产生速度快,而且结构复杂、来源多样,处理起来极为困难。如交通枢纽的机场每天生成几十 TB 的乘客数据,社交媒体 Twitter 每天产生 12TB 的数据,这些数据包括文字、图片、视频等多种格式类型。物联网是近来迅速崛起的大数据来源,物联网生成的数据也是城市治理中应用较多的数据。据估计,2018 年网络流量中的半数来自于设备而不是计算机。物联网系统无缝集成了计算算法和各类物理设备,它的设备包括所有类型的传感器、移动电话、消费电子设

备、工业电子设备等，如汽车上的传感器就包括了温度传感器、压力传感器、流量传感器、位置传感器、速度传感器等。这些设备产生的数据是典型的大量、高速、异构、分布式的数据。

以波音飞机为例展示产生的数据量。波音飞机的燃油、液压、发动机、电力等系统以数以百计的变量记录了飞机的航行状态，这些数据在几微秒的时间内就会被采集并传输一次，每30分钟仅飞行中的发动机就能产生10TB的数据量。这些数据若能被有效处理和使用，能够实现实时故障诊断和预测，将风险扼杀于初始阶段。美国通用电气公司也收集数据用于故障诊断。位于美国亚特兰大的通用电气能源监测和诊断中心收集位于全球50多个国家的客户的上千台燃气轮机数据，每天能够收集10G数据以上，通过分析这些来自系统内部的温度信号和传感器振动的恒定大数据流，能够为该公司的燃气轮机故障诊断和预警提供支撑。

但处理和使用这样的数据是困难的，需要跨计算科学和数据科学进行协调和合作，研制复杂的计算模型以评估和测量收集到的数据，并以人们易于理解的方式提供人机交互。对于来源多样、语法（格式）和语义（含义）都极为不同的异构数据，若要将它们整合并从中抽象出可用信息，要从全局考虑，将非结构化的数据如文本、图片、视频等转化为结构化的数据，以更便捷的方式从跨越不同城市、不同区域的数据来源中找到相关数据并把它们集成起来。这就要以开放性的方式考虑重构语义信息基础设施的核心架构，将人和自动化机器学习算法都放到语义理解回路中。而这正是多个研究机构目前正在探索的议题。

城市治理大数据的应用包括交通治理、医疗、教育等多个领域，不同的应用需求要求处理大数据的计算系统架构既可以是分布式松耦合的系统，也可以是紧密联系的系统。且大数据处理系统必须是智能化、可自动调节的，以适应大数据系统应用环境下的灵活配置、网络高速数据交互、高性能存储等要求，能够早期发现并自动处理系统硬件和软件中的缺陷和故障。这些要求对目前的技术水平来讲无疑是巨大的挑战。

简单地对原有数据处理技术的扩充已不足以应对当前的大数据应用的挑战，必须从根本上对软件编程方法、资源共享方式、系统间通信方法、系统架构有新的认识，才能在面临诸如数据量太大（如10亿个数据点），即使采用了可视化技术后人们也难以理解数据中蕴含的意义，计算系统数据的输入/输出速率太快，无法及时发现数据流中表征的含义等问题时，提供有效的技术解决方案。而这也是目前大数据技术所未能达到的。

即使是对原有数据处理技术的部分提升也能解决很多实际问题。美国每年由于火灾伤亡的人数超过 2 万人，财产损失接近 120 亿美元。美国国土安全部管理着国家火灾事件报告系统，收集并分析火灾信息。国土安全部高级研究计划局与四个区域的消防部门合作，利用大数据技术研究约 2.25 亿场火灾事故，希望从这些海量的异构数据中识别出火灾事故类型、设备故障方式和消防员伤亡趋势等信息，为消防训练效果提升和降低火灾损失提供新的参考。未来期望通过大数据分析对每次火警进行及时准确的态势感知，以降低火灾带来的伤害。

12.2　智能数据分析系统开发能力不足

大数据时代要充分发挥数据的作用，让数据成为"智能数据"，传统的数据查询、分析技术已难以满足需求，原有技术必须与统计学、机器学习深入结合创新，并关注"人"在其中所起到的作用，共同创建灵活、即时响应、有预测能力的数据分析系统。

统计学方法的扩展面临着计算量的挑战。当数据量增大，数据点、可能的假设会出现数以百万计的组合，仅注重统计能力的算法在可接受的时间范围内可能无法完成计算，迫使研究人员要找到新的方法在统计能力和计算复杂性之间取得平衡，为用户提供在可接受的时间内计算出统计结果的方案。为应对这一挑战，统计推断原则需要整合进大数据分析处理中。相应的，也需要研制面向数据流的实时统计推断工具，并逐步编制最佳实践以引领行业发展。这些工具和最佳实践应能够处理各种质量的数据，具有可伸缩性，可支持多个应用领域，如城市基础设施、人口统计、气候变迁、安全等。

数据驱动的模型开发是从大数据中抽取结构和意义的关键方法，机器学习是这一方向必需的技术。在深度学习方法方面的研究能够增加对数据和算法的可识别性和可预测性。"推进创新神经技术脑研究计划"项目表明，对人类大脑结构的研究可以为新一代神经网络算法和计算架构的研究提供新的视角，将引发神经形态计算等领域的深入研究。机器学习未来的技术进步有助于从数据中发现价值。

即使自动化技术在很大程度上提高了生产力，人的参与仍然是很重要的。人类参与的社会化计算也需要进一步研究，这包括了社交媒体、并行生产、众包、集体分布式任务等方向研究的需求。

从大数据中发现知识，能够帮助科研人员发现很多原来难以理解的关系，解决城市中面临的诸多问题。例如，能源企业在长期实践中发现城市供电、电网传输与气象数据之间有着极为密切的关系，但当前的技术不足以精准分析它们之间的相关性。美国能源部先进科学计算研究所支持了原位气象大数据可视化项目，用以理解气象变化对城市电力基础设施（如电厂）的影响。为了达成这一目标，科学家们需要新的气象仿真和百亿亿次计算能力的超级计算机，以可理解的方式绘制出仿真计算得出的数十亿个数据，是极为巨大的挑战。

目前，分析仿真数据的做法是将数据从运行仿真的超级计算机上移至其他计算环境中进行操作和分析，但在这个需要百亿亿次计算、拥有极大的数据集和有限带宽的情况下，这样的做法是不可行的。原位气象大数据可视化项目预期将在"原位"超级计算机环境分析仿真数据，并以可视化的工具呈现，允许研究人员以交互式的方式探索仿真并从数据集中抽象有意义的信息，从而帮助科学家可视化、分析和理解气象在很长一段时间内和特定区域内对城市能源产品和电力基础设施的潜在影响。

12.3　信息基础设施还需完善

要抓住大数据带来的机会，必须建设先进的信息基础设施。对先进信息基础设施的要求是：（1）能够支持大数据的大规模计算和分析；（2）能够支持从芯片级到全球范围内的不同规模的数据传输；（3）满足新环境下不断增长的数据共享和分析的需求；（4）服务于广泛的大数据应用需求。这需要有总体性的国家战略视角和投资规划，政府与企业界、学术界共同合作，确定对先进信息基础设施在高性能计算、仿真分析、数据安全、数据存储、数据处理等方面的需求。需要注意的是，总体性的设计应包括所有的数据应用场景，从大规模数据仓库的历史数据到大量并发的实时数据流。

先进的信息基础设施需要以更为开放的方式服务于更多的参与者。数据集本身是大数据基础设施的重要组成部分，完善基础设施的一个关键方面就是要促进数据开放，支持持续访问，并提供保护数据的访问控制。组织内部和组织之间的数据资源要被访问，需要制定相应的标准规范。

数据驱动的信息基础设施的构建包括软硬件、分析技术、数据资源、交互接口等标准和衡量指标的开发，数据和元数据标准的开发，开放式系统的研制和多方联合实施部署等多项内容。开放式系统应该是模块化、可扩展、可组合的，允许组织根据需要升级指定功能或新增功能。

很多领域的发展都需要跨学科和机构共享数据，当今，正在发生着开放数据控制权的转变。以美国为例，美国几乎所有预算超过 1 亿美元的机构都有支持数据开放共享的计划。比如，美国国防部高级研究计划局对外开放了该机构支持的软件和出版物的目录。以精准医疗为代表的创新计划将小的分布式的数据集打包、集成，以更容易被用户找到、访问和分析的形式呈现。未来这一趋势将更为明显。与之相应的，共享库、虚拟化、通信、链接等技术也亟须提升。

越来越多的人认识到，在不同学科和应用领域中重要的数据问题往往是相同的，甚至在某些特殊的学科和应用领域中，问题也是一样的。大数据信息基础设施的一些方面可能关注于特定的应用领域，而其他方面的则是跨多研究领域通用和共享的。为了推动在多个方向上的创新，对这两个领域的投资都是重要的。前者可以确保在面对大数据应用于某些领域的艰巨挑战时，可以支持资源优化，后者可以通过共享的基础设施为原本没有能力建立和维护基础设施的独立机构提供所需资源。

已经有一些研究项目试图以构建可全球共享资源的方式利用大数据。像大型粒子碰撞装置、先进的光源装置和联合基因等生成了很多量级从 T 到 P 的数据集，计算资源散布于全球，也需要被全球的科学家以分布式方式分析。美国能源部科学能源科学网络办公室（Energy Sciences Network，ESnet）为了保证科技发展不受试验设备、人员、计算资源地点和数据规模的限制，设计开发用于数据密集型科学研究的国际化协作资源。例如，光源探测器能够从样本中抓取数据，ESnet 支持将抓取到的数据以每秒 100G 的传输速度自动发送到超级计算中心进行处理和可视化，并允许科学家们从网络门户中以近于实时的方式访问这些数据。未来，随着信息基础设施的完善，大数据带来的机会将更多地被发现。

12.4　欠缺有效的隐私保护技术

新兴的大数据技术为社会发展带来了极大希望，但也对数据共享、使用和分析的隐私和伦理问题提出了挑战。大数据引发的一个主要问题是所谓的马赛克效应——随着越来越多的数据可被用于与其他来源的数据进行整合，许多看似无关的信息聚合在一起，可能会以难以预料的方式暴露私人信息。这一风险正在急剧加大。多项研究都已经证明能够通过聚合多个公开数据集来识别已经经过匿名处理的个人信息。为了进一步研究马赛克效应，需要建立系统模拟多个来源的数据内容、数据背景、数据的组合方式以及数据的使用场景。但这将面临巨大的技术挑战，尤其是在处理诸如图像、视频、音频、文本、图形等大量非结构化数据，及它们的组合的情况下。

此外，许多大数据应用程序需要集成多个数据源，而每个数据源是在不同的应用策略下创建的。这些数据可能关系到特殊政策、保护规则和使用规则，即使被集成后也要执行相关规定。例如，医疗保险公司可能与社会媒体公司合作将数据融合起来，但双方数据产生的使用规则不同。在数据源、用户、应用程序和数据使用场景都在不断变化的动态环境下，能够自动化地实时改变设计策略的能力就显得极为重要了。该能力可以在数据不泄密、不泄露个人信息的情况下保证数据的可用性。未来的研究应聚焦于新环境和新工具下的动态管理策略，同时提供相关技术和解决方案，以确保特定的数据集中的个人信息在周围环境变化的情况下仍然可以得到保护。

目前，"通知和同意"是保护消费者隐私最广泛使用的策略。当下载一个应用程序或一个新在线账户产生时，隐私政策会显示并被用户接受。

这种模式将个人隐私保护责任强加于用户，需要用户阅读并理解法律、隐私和伦理影响。在大数据时代，由于数据可能会以新的、无法预料的方式利用，因此强加在用户身上的责任是很难实现的。此外，在交易过程中收集的数据或诸如社交媒体等快速变化数据源，也不能遵循"通知和同意"的模式。数据隐私和保护的新概念体系有必要补充或替代一些传统的隐私保护技术。

美国国防部高级研究计划局支持了布兰迪斯项目，期望能够攻克存在于隐私保护与挖掘数据中巨大价值之间的矛盾问题。该项目期望能够构建一个确保隐私数据只能用于它要被使用的意图，而不能用于其他目的的系统。如果系统能够研制成功，那么高效的智慧城市、精准医疗、教育等重要的大数据应用领域都会得到极大的发展。如果没有强大的隐私控制能力，这些应用也面临着系统性的风险。

第4篇　城市治理大数据应用措施

2008 年，纽卡斯尔大学的 Hollands 教授提出智慧城市建设的 5 个条件：信息和通信技术广泛嵌入到城市结构中；商业主导的城市发展和运用新自由主义进行城市管理；从创意城市角度关注社会和人类；社区注重社会学习、教育和社会资本；专注于社会和环境的可持续性。尽管正是信息通信技术（连同人、资金以及制度）影响城市管理和发展，使得一个城市变得智慧，但是仅单纯在城市基础设施中嵌入信息和通信技术并不能让一个城市变得智慧。城市治理水平的提高，既需要政府部门的体制机制实现突破，又需要产业界的技术创新，还需要广大市民的积极参与。此外，大数据应用带来的隐私问题，也需要予以重视。我国处于快速城市化阶段，人口的快速涌入，使得城市治理复杂程度激增。大数据应用既能提高城市治理能力，又能提高市民满意度、政府公信力，还能带动相关产业发展，形成新的增长点。尤其是在中国人口众多、市情复杂的城市应用成功的解决方案，必然能向国外推广，产生国际影响力。当前，中国城市治理大数据应用的主要障碍是体制机制，需要加强在数据开放、隐私保护、产业创新、市民参与方面的制度创新。

13 推广 PPP 模式

13.1 什么是 PPP 模式

PPP（Public-Private Partnership），即政府和社会资本合作，是公共基础设施中的一种项目融资模式。在该模式下，鼓励私营企业、民营资本与政府进行合作，参与公共基础设施的建设。

2014 年财政部和发改委各发两个文件，鼓励和指导采用 PPP 模式进行公共基础设施建设。财政部发文为：9 月 25 日《关于推广运用政府和社会资本合作模式有关问题的通知》（财金 76 号），12 月 4 日《政府和社会资本合作模式操作指南（试行）》。后者内容丰富，涉及项目识别、项目准备、项目采购、项目执行、项目移交五个方面的实务操作。发改委 2014 年 12 月 4 日发布《关于开展政府和社会资本合作的指导意见》、《政府和社会资本合作项目通用合同指南（2014 版）》，要求各地发改委 2015 年 1 月起按月报送 PPP 项目，建立发改委的 PPP 项目库。

财政部 PPP 中心发布的数据显示，自 2013 年推行 PPP 项目以来，截至 2016 年 2 月 29 日，全国各地共有 7 110 个 PPP 项目纳入 PPP 综合信息平台，项目总投资约 8.3 万亿元，涵盖了能源、交通运输、水利建设、生态建设和环境保护、市政工程等 19 个行业。

13.2 烧钱的大数据与有限的财政资金

根据计世资讯发布的研究数据，2015 年我国政府信息化投入达 603.1 亿元，2016 年将继续保持增长态势。只要上马大数据项目，数据的收集、存储、处理，系统的开发、运营与维护，都需要投入大量的资金。财政资金独立难支，采用 PPP 模式是城市推广大数据应用的重要途径。

13.2.1 政府采用 PPP 模式的优势

政府采用 PPP 模式有以下明显优势：

（1）减轻政府资金压力。PPP 模式的项目主要由企业投资，不但可以降低政府投入资金规模，由于企业在项目建设方面往往效率更高，还能降低项目工程造价，降低项目风险。

（2）提高项目成功率。企业与政府共同参与项目的识别、可行性研究、实施等项目建设过程，集合了多方智慧和资源，尤其是企业的大数据专业人才，相对于单方面项目建设，能提高项目的成功率。

（3）提高政府效率。大数据在源源不断地产生，数据挖掘模型也要不断完善，不像某些基础设施，一次开发成功就可以长期利用。这些对运维提出了很高的要求。将项目实施及运维交给企业，政府能腾出更多的精力来做好监管工作。而且，企业提供的资金和专业技术人才，也能保证为市民提供更好的服务。

13.2.2 企业参与 PPP 模式的优势

企业参与 PPP 模式有以下优势：

（1）降低自身风险。有了政府做背书，降低了融资难度，提高了项目融资成功的可能性。而且，大数据是新型技术，很多技术政策存在不确定性。政府的参与，能降低政策风险。此外，政府也分担一部分其他风险，能减少企业整体风险。

（2）获取更多数据资源。政府有法定的权利获取各种数据。其中大量的数据资源是企业没有，也不可能获取到的。通过 PPP 合作，能获取政府部分数据的使用权或访问权，能有效弥补企业自身数据资源的不足，进行商业模式的创新。

（3）获得用户的信任。通过 PPP 模式合作，可以充分利用政府的公信力，得到用户更大的信任度，降低交易成本，以更低的成本为用户提供高质量的服务。

13.3　PPP 模式建设区域健康医疗大数据中心

13.3.1　当前的建设现状

2016 年 6 月 21 日，在国务院办公厅发布了《关于促进和规范健康医疗大数据应用发展的指导意见》（国办发〔2016〕47 号，以下简称《指导意见》），指出健康医疗大数据是国家重要的基础性战略资源，要求到 2017 年底，基本形成跨部门健康医疗数据资源共享共用格局；到 2020 年，建成国家医疗卫生信息分级开放应用平台。

从现实情况看，健康医疗数据类型复杂、大数据资源共享开放不足、大数据安全缺乏有效保障、大数据分析应用能力欠缺等问题，都在很大程度上制约着上述政策目标的实现。为此，提出"区域健康医疗大数据中心建设运营模式"，试图通过政府与社会资本合作（PPP）的创新体制，充分整合各类社会资源，在有效降低政府投入负担的条件下，提高健康医疗大数据开发应用的经济社会效益，推动政策目标早日落地并为全国其他地区提供示范。

健康大数据需要通过各级区域健康信息平台及医疗卫生机构的集成平台，将各业务系统数据采集与汇总。由于各省财政情况的差异，以及对区域健康大数据平台认识不一，发展水平悬殊较大。江苏省是国内发展较好的省份。目前江苏 13 个设区市及 67 个县（市、区）均按照统一要求开展了人口健康信息平台建设，省级健康信息平台一期工程已经完成。在此基础上，江苏省卫生信息工作者对已采集的部分健康医疗数据资源进行分析，对数据的挖掘应用开展探索研究，从居民、医疗卫生人员、医疗机构及互联网+等应用场景进行多角度归纳提炼。

2016 年 10 月 21 日，国家卫计委健康医疗大数据应用及产业园建设国家试点工程启动推进会在北京召开，确定福州、厦门、南京、常州四城市共同入围首批国家试点。南京试点的国家健康医疗大数据中心选址于江北新区中心区，规划为"1 个中心+3 个应用基地"四大功能片区。根据其发展规划，将建成东部六省一市的区域健康医疗大数据中心。六省一市所有的健康医疗数据资源将在南京集中，常州将作为这些数据的灾备基地。

福州试点工程选址于数字福建（长乐）产业园内，拟建设一个中心（健康医疗大数据中心）、一个产业园（布局健康服务、精准医疗、生物医药、科技金融四个特色产业片区）、两个基地（健康城市战略运营基地、健康人文国际交流基地）、四大应用领域（健康养生、精准医疗、智慧健康、分级诊疗）。这个中心及产业园的发展目标为是建成"泛珠三角"最大的大数据中心。

无论是江苏还是福建，省、市级的健康大数据平台都是财政全额拨款，每年投入以亿元计算。数据集中之后，主要用于科研，没有任何商业化的应用，数据利用率很低，财政资金投入产出不成正比。这种模式对于财政资金紧张的地区，是不可能复制的。这就需要采用PPP模式，以推动健康医疗大数据的发展。

13.3.2 PPP模式的建设内容

针对健康医疗大数据发展面临的主要瓶颈，以及公共卫生及个人健康的主要需求，可以建设的内容如下：

（1）健康医疗数据共享平台。依托网络、硬件设备和基础软件等基本设施，采用数据模板化专利技术，完成对区域内各医院及相关机构原始医疗数据的采集汇聚、共享交换、清洗融合，提供本区域健康医疗数据一站式服务。

（2）健康医疗数据研发平台。基于Hadoop的大数据存储与计算，面向海量数据分析型应用领域，适合处理各种类型的数据，包括结构化、半结构化和非结构化数据。尤其当数据量在TB和PB级别，传统方法通常已经无法处理数据。通过构建研发平台，开展爆发式增长的健康医疗大数据的存储、计算、分析，研发自主可控的知识产权。

（3）健康医疗数据治理平台。通过治理制度、元数据管理、标准管理、数据质量管理、工单管理、监控管理等多种管理手段，实现对医疗数据标准的统一管理，实现医疗数据标准与国家标准的对照，提升健康医疗数据的质量，对大数据平台各数据节点进行统一管理，并形成长效的实施管控机制，以确保健康医疗大数据优良的运转环境。

（4）健康医疗数据服务平台。依托行业前沿数据分析算法与模式，对数据进行过滤、清洗、脱敏、分析、存储等业务处理，为政府、医院、制药行业和百姓提供医疗相关的各类惠民利政服务。

（5）健康医疗创新孵化平台。设立健康医疗大数据创业基金，开放健康医疗大数据中心有价值的数据集，吸引并资助创业团队对健康医疗数据进行商业开发，孵化出大量创新企业。

13.3.3　盈利模式

该项目可以通过以下方式实现盈利：

（1）向个人收费。针对个人提供健康档案管理、健康咨询、慢病管理等服务，定期收取会员服务费，或根据个人订制的增值服务额外收费。

（2）向药企收费。根据药物销售情况，给药企提供营销咨询，收取咨询费；或者帮助其精准投放广告，按点击量等向药企和医疗器械等企业收取广告费。

（3）向保险机构收费。利用大数据分析，为保险公司、研究机构等提供对应的数据服务，按月付费，并针对特殊数据库额外收费等。

13.3.4　效益分析

受数据质量、人口规模影响，不同区域的健康大数据中心成本、收益会有较大差别。据初步估算，人口五百万的区域，健康大数据中心建成 5 年将收回投资成本。该中心建设将推动健康大数据应用迈上新台阶，促进健康服务模式发生深刻变化，激发深化医药卫生体制改革的动力和活力，提升健康服务效率和质量，不断满足人民群众多层次、多样化的健康需求，培育新的健康服务业态和经济增长点。

（1）提升政府在医疗数据建设方面的投资效率。在全省范围统一规划、建设和运营医疗大数据中心，减少了政府的前期巨额投入，也减少了各地市相关重复投入，后期按使用效果付费，最大程度提升了政府的投资效率和性价比，形成良好的经济效益。

（2）医疗数据的统一管理和运营降低全省的医疗成本。针对全省社会范围医疗数据的集中管理和统一运营，可以实现全省范围医疗资源的有效配置，大幅降低政府的整体医疗成本投入，也大幅降低居民可以享受的医疗服务价格，从而大幅提升整个社会的医疗投入经济效益。

（3）通过数据统一开发运营助推医改进程。通过全省医疗大数据的统一运营管理，为中央医改政策的落实提供了灵活且坚实的技术支撑和保障；借助医疗数据的整合与协同管理，为分级诊疗的落地解决了最后一公里的难题；通过医疗、医药和医保数据的互联互通，真正实现三医联动；借助医康养的数据共享和统一应用，真正解决老百姓的全面健康与保障难题；通过健康医疗大数据与外部数据的全面整合，最终实现国家提出的全民大数据管理和应用。

（4）通过释放数据价值提升居民幸福感和社会稳定性。在数据整合的前提下，通过多样化的数据分析方法，从居民、医院、政府、企业（药企、保险、金融）等多角度开发数据价值有助于推动老百姓医疗成本的下降和医疗服务水平的提高；通过将健康大数据应用于重大疾病（传染性疾病）的预警，有助于提高公共卫生服务能力；通过健康大数据的统一运营和对外服务，有利于推动全社会信用体系的建设。

14 推动数据开放

随着大数据时代的来临，数据资源在社会和经济发展中占据越来越重要的地位。政府积累了大量与国家运行息息相关的数据，成为数据资源的最大持有者。政府数据资源的开放既是民众的诉求，也对于促进国民经济和社会发展也具有重要影响，特别在能源、交通、医疗、农业等行业内具有广泛的应用价值。政府数据的开放程度成为影响城市乃至整个国家国际竞争力的关键因素之一。

近年来，发达国家普遍认识到政府数据本身具有的战略价值及其对整个社会产生的外部效应，以一系列政策措施推动开放数据，美国、英国、日本等相继建立了较为完善的开放数据体系并取得了良好的社会效果。相对而言，我国的数据开放起步较晚，相关的研究文献不多，主要是介绍国外开放数据的政策措施、政府门户网站等，缺乏深入的国际比较研究。本章通过对典型国家开放数据战略的深入比较分析，归纳其开放数据的共同特点及战略措施，为我国政府开放数据体系的建立提供理论借鉴。

14.1 政府开放数据概述

政府数据（government data）是指所有产生于政府内部或产生于政府外部，但对政府活动、公共事务和公众生活有影响、有意义的数据资源的统称。根据加入开放数据运动国家普遍认同的《开放数据宪章》，开放数据是指免费、无差别地向公众开放的原始数据，任何个人、企业和社会组织都可以无需授权地对数据进行自由查询和使用。政府开放数据的内容包括法律法规、政策文件、部门报告、公共注册信息、气象信息、科研数据库、统计资料汇编与数据集、地图与地理空间信息，以及其他基于公共目的产生的众多数据和信息产品。

政府数据具有巨大的潜在价值，而这种价值的发挥需要建立在开放数据共享的基础上，形成数据技术、制度与市场的要素互动。Lassinantti（2014）提出开放数据的两个动因，一是建立技术经济增值平台，二是创造社会发展平台。关于政府开放数据所能带来的价值，经合组织 OECD 报告（2014）指出包括三方面：一是经济价值，为大数据产业的发展创造良好的环境，推动经济发展；二是社会价值，政府开放数据所产生的社会价值主要体现在改善公民生活质量，提高政府公共服务水平；三是政治价值，政府开放数据提高政府透明度和公民参与度。政府开放数据为政府和公众的沟通搭建平台，公众通过使用数据创造公共价值，并反过来敦促政府继续开放更多数据。

14.2　国外政府开放数据的发展趋势

14.2.1　国外政府开放数据的总体情况

发达国家政府普遍认识到开放政府数据的重要性，通过构建国家信息制度和基础信息资源体系，从政策、立法、技术、产业等各层面对于政府开放数据共享进行系统干预和导向。从世界范围来看，美国在政府开放数据领域一直充当着倡导者和先行实践者的角色。2009 年，美国最先建立政府数据门户网站 data. gov，以促进数据的进一步开发利用。随后，英国（data. gc. uk）、加拿大（data. gc. ca）、澳大利亚（data. gov. au）、新西兰（www. data. gov. nz）等国相继建立政府网站，便于公众获取政府数据，并将开放数据行动纳入到国家发展战略。近年来，印度、阿根廷、巴西等发展中国家也陆续开始探索具有本国特色的开放数据路径。

目前，全球参与开放数据运动的国家，既包括美国、英国、法国、奥地利、西班牙等发达国家，也包括印度、巴西、阿根廷、加纳、肯尼亚等发展中国家。联合国、欧盟、经合组织、世界银行等国际组织也加入了开放数据运动，建立开放数据门户网站。相对而言，我国的政府开放数据起步较晚，尚没有建立开放数据的政策体系。据"世界开放知识基金会"发布的《2013 年开放政府数据普查》，在被普查的全球 97 个国家和地区政府中，我国综合排名第 57 位。在开放数据呈现全球协作的大趋势下，随着我国互联网的普及，数据资源的重要性日益显现，社会经济发展对于政府数据的开放共享提出更为迫切的要求。

14.2.2　各国政府开放数据的共同特点

（1）开放数据呈现国际协作趋势。开放数据的基础是政府拥有巨量数据池，数据规模越大，其所具备的经济价值越大、预测功能越强。各国政府通过成立开放数据联盟，扩大数据存量，实现更大范围的开放共享。2011 年 9 月，美国、英国、挪威、南非、巴西、墨西哥、印度尼西亚、菲律宾等 8 国共同成立了"开放政府合作联盟"（Open Government Partnership，OGP），签署《开放政府宣言》，旨在通过政治领导、技术支持、公共投资，以及政府与社会组织间的协同合作等形式帮助联盟国家加快开放数据进程，推动全球更多的国家和地区的开放数据运动。截至 2014 年 12 月，开放政府合作联盟已吸纳了 63 个国家和地区作为其成员，为众多国家制定开放政府行动计划提供了有效手段，为国家和地区间的开放合作创造了交流平台。

（2）门户网站为开放数据提供有效载体。各国普遍采取建设统一的政府开放数据门户网站的做法。比较常见的途径是新建统一的开放政府数据网站，构建数据收集、管理、开放、查询、下载、再利用的官方平台，如美国、英国、印度、新加坡等。其中，印度、新加坡是在全国范围内统一整合各部门或各地区的数据集，建设成域名带有"数据（Data）"、"政府（Gov.）"字样的国家开放数据门户网站；美国、英国除了拥有全国性的开放数据门户网站外，也有单独的地区性数据门户网站。典型国家的政府开放数据门户网站如表 14-1 所示。

表 14-1　典型国家政府开放数据门户网站比较

国家	开放数据门户	开放维度
美国	Data. gov	一级维度：原始数据和地理数据；二级维度：农业、气象、教育、能源、金融、地理空间、全球发展、健康、工作技能、公共安全、天气、商业、城市等21 个门类

国家	开放数据门户	开放维度
英国	Data. gov. uk	政府机关运作领域：政府机关经费情形、政府公共部门人员列表、政府处理事务、商业计划等；其他领域：健康、交通、环保、社区、商务、教育等
澳大利亚	Data. gov. au	交通、通信、环境、商业、地理等
印度	Data. gov. in	水资源、农业、国会、健康与家庭财富、金融、交通、教育、民政、环境森林、电力能源、工业等
新加坡	Data. gov. sg	以文字数据与空间数据为主，如经济信息数据、人口统计普查数据、交通数据、气象数据、饮食中心地点等

资料来源：由上述政府开放数据门户网站资料整理所得。

（3）开放数据的经济价值日益凸显。通过数据开发多样化的数据信息产品，涌现出数据储存、数据托管、数据挖掘、数据咨询等新的数据产业。数据信息产品满足社会不同领域的需求，推动传统行业的发展。美国的经验证明，互联网、商业智能、咨询服务、零售业受益最大，医疗、卫生、交通、物流甚至生物科技、天文等领域也从数据开发应用中获益。开放数据为企业带来了新的商业发展机遇，比如，美国企业基于政府免费提供的气象资料和全球定位系统数据资源，开发了导航系统、气象新闻广播系统、基于位置的应用程序等新产品和服务。同时，开放政府数据降低个人创业成本，便利创业渠道，有效推动社会大数据应用创新，为大众创业提供机会。美国 Data. gov 上线后，依托开放数据成立了数以万计的大数据初创企业，创造了众多就业岗位，带来了巨大的经济和社会效益。

（4）数据应用向公共服务领域延伸。政府数据开发应用有利于改善公共服务。根据公开数据开发的第三方网站或手机应用软件，从公开数据中发现社会需求，通过拓展有关生活、安全和发展等民生类数据集的广度和深度，为公众生活提供全方位的信息支持，使公众分享政府开放数据的红利。政府作为开放数据的主体，也将开放数据行为本身视作服务民生的一种新型手段。政府在公共政策、舆情监控、犯罪预测、反恐等领域依据大数据分析辅助决策，以大数据应用增强社会服务能力。比如，人口、交通、医疗等领域的数据应用开发，实现了对人口流动、交通拥堵、传染病蔓延等情况的实时分析；空间地理数据开发用于指导农业、林业、航海、矿产能源、交通运输等；气象数据开发用于服务农业、旅游业、灾难管理、环境评估等。

（5）开放数据政策法规体系逐步形成。各国都在积极建立适合本国国情的开放数据政策法规体系。大多数法规都明确提出政府开放数据的义务（不包括涉及国家安全内容），并注重公民隐私权的保护。以美国为例，其采用了成文立法和政策保障双重工具来推进政府开放数据，以法规形式保障公民的数据权、规制政府开放数据原则及范围，相关法规包括：《信息自由法》、《隐私权法》、《阳光下的政府法》、《电子信息自由法》、《数据质量法》、《开放政府法》等。英国、日本政府也不断完善开放政府数据的政策法规体系，循序渐进的引导和支持开放数据运动（表14-2）。

表 14-2　典型国家政府的开放数据政策

国家	相关政策	时间	内容
美国	《联邦政府信息资源管理政策》	1985	政府数据是有价资产、全民资产；免费提供政府数据是政府法定义务和责任
	《信息自由法备忘录》	2009	推动信息公开，所有行政机构重申对遵守《信息自由法》原则的承诺
	《透明和开放的政府备忘录》	2009	提出何种信息公众最需要；如何增加公众参与；政府如何与公众协作
	《开放政府令》	2009	细化政府开放数据行动内容，包括在线发布信息、公开政府支出、提高信息质量、共享开放经验等
	《13556 号总统令》	2010	为敏感但非涉密信息创建开放、标准的系统，避免过度隐瞒
	《13563 号总统令》	2011	创造开放的信息交流环境，允许公众对制度草案提出意见和建议
	《数字政府：建设 21 世纪更好服务美国人民的信息平台》	2012	提出电子政府的战略目标：数据服务概念模型，以信息为中心、以用户为中心的战略举措
	《开放数据政策——将信息作为资产进行管理》	2013	提出信息是国家资源和战略资产，将数据资产开发列为国家战略行动目标
	《实现政府信息公开化和机器可读取化总统行政命令》	2013	政府信息以开放化和机器可读化为基本形态；将政府数据作为关键资产管理；社会公众随时、随地、通过任何终端设备检索和获取数据

续表

国家	相关政策	时间	内容
英国	《信息公开法》	2000	公民享有数据权；设立信息专员与专门委员会；设定信息公开豁免范围
	《国家数据开放行动方案》	2011	提出集中开放数据
	《数据公开白皮书》	2012	公开财政支持的研究数据，提出使公共数据价值最大化
	《英国政府数字化战略》	2012	要求推动数字化服务，提高政府服务水平
	《开放政府合作伙伴 2013—2015 年英国国家行动方案》	2013	提出推动开放数据，提高政府诚信、财政透明度、公民授权等
	《英国数据能力发展战略规划》	2013	重视数据安全和隐私保护，完善开放数据相关法律和制度
日本	《电子政务开放数据战略草案》	2012	允许公民浏览中央部委和地方省厅公开数据的网站，行政信息全部公开
	《面向 2020 年的 ICT 综合战略》	2012	推动大数据的智能化开发及其在公共服务领域的应用
	发布"开放数据行动计划"（2013 年）	2012	提出通过大数据和开放数据开创新市场
	发布新 IT 战略宣言"创建最尖端 IT 国家"	2013	将公开数据和大数据作为新 IT 国家战略核心内容

资料来源：整理自 Open Data Barometer Second Edition January 2015. http：//barometer. opendata-research. org/

14.3　各国政府开放数据机制比较

在国家战略层面，各国对政府开放数据都给予足够的重视，并做出了前瞻性的部署。通过对美国、英国、日本三国政府开放数据政策设计及实施举措的梳理（表 14-3），可以看出，各国在制定开放数据顶层设计之外，也采取了具有很强针对性的执行保障措施。

表 14-3　典型国家开放数据政策设计及实施

国家	顶层设计	执行保障
美国	(1) 立法和政策制定过程中，强调政府公开信息的完整、全面、高质量，获取公开信息渠道的畅通便捷； (2) 围绕信息自由，维护开放数据与个人隐私、国家安全、法令执行等之间的平衡关系； (3) 通过政策引导数据资产的创新开发，确保数据采集、管理、释放、流通、再利用等环节的实施主体积极参与，推动数据开放	(1) 任命"数据推广员"、建立交流专家团队； (2) 信息政策办公室面向各机构首席信息官举办培训研讨会； (3) 设立 Data.gov 行政督导委员会和 Data.gov 项目管理办公室
英国	(1) 制定开放数据国家行动方案并不断深化，核心理念从单纯的开放数据提升到开放政府，制定主体从政府转变为政府与公民社会网络携手合作； (2) 开放数据内容从单一集中在开放数据领域延伸到开放数据、政府诚信、财政透明、公众授权、自然资源透明等方面	(1) 实行问责机制，主动及时地就开放数据国家行动方案的执行情况开展自我评估，为相关职能部门工作提供依据； (2) 通过 Data.gov.uk 的数据评价系统，创新性地收集公众对于开放数据在经济、社会、公共服务、相关链接等方面的价值评估，为开放数据的价值挖掘提供智力支持
日本	(1) 将开放公开数据和大数据作为"创建尖端 IT 国家"战略核心内容； (2) 推动大数据战略，强调在大数据应用所需的社会化媒体技术开发、传统产业 IT 创新、新医疗技术开发、缓解交通拥堵等公共领域的应用取得突破	(1) 推动大数据的智能化开发及其在公共服务领域的应用； (2) 推动公开数据的商业化创新开发； (3) Data.gov.jp 的 Beta 版，发布人口统计、地理统计、特殊统计、政府公报和白皮书、灾害防御等有关内容

资料来源：整理自 Open Data Barometer Second Edition January 2015. http://barometer.opendataresearch.org/

　　美国开放数据运动始终处于引领者的位置，政府主导在开放数据顶层设计、执行保障和开放利用等方面发挥了重要作用，从政策宣传、能力培养、行政监督等各个层面保证开放数据政策的有效执行。联邦政府通过政府开放数据利用，一方面推动了数据产业的发展，另一方面也实现服务化政府的转型。比如，Data. gov 是较为成功的推动开放数据应用的实践成果，其具有数据公开、分级评定、高级搜索、社交互动等功能，通过与印度合作对 Data. gov 实行开源、提供开源代码，构建了城市、组织、政府都可以创建站点的 OGPL（The Open Government Platform）平台，有效推进了政府间的信息交流与合作。

英国政府在推动开放数据方面的投入力度也很大。英国开放数据运动致力于摆脱传统保密文化对数据公开制度的束缚，营造开放、民主、透明的社会环境。根据"开放知识基金会"2013 年开放政府数据普查结果，在世界 70 多个国家和地区的政府开放程度评定中，英国政府在预算、支出、选举、环保等十大领域的开放数据程度均居于前列。同时，通过 Data. gov. uk 平台公布政府持有的政府数据，调动公众参与政府数据的共享应用。英国政府注资 10 万英镑成立世界首个开发数据研究所（ODI），创建了政府部门、研究机构和商业企业之间公开数据交流的平台，加快公开数据商业化的进程，对于创新公共部门的民生服务手段，探索官产学结合的发展路径有重大意义。

日本政府将开放数据提升到国家战略层面，坚持大数据战略与开放数据的并行。日本开放数据更加注重政府数据商业价值的开发应用，通过成立"开放数据流通推进联盟"，为公开数据的商业化创新开发提供平台支持。在执行保障方面，日本的个人信息保护法等法律法规的建设略显不足，数据公开与个人隐私保护的失衡在一定程度上对开放数据造成阻碍。

由上述分析可知，美国、英国、日本三国开放政府数据都取得显著成效，但发展程度不同。相对而言，美国的开放数据体系最为成熟，实现开放数据政策在数据价值、信息自由、数据安全等方面的兼顾。在开放程度上，美国政府开放数据程度最大，日本开放性最差。在开放模式上，美国是政府主导，英国是政府与公民社会网络携手合作，日本是实用导向。在开放数据的个人隐私保护方面，美国充分重视并出台了相关法规，日本则较为落后而且影响到其开放数据进程。

14.4　国外政府开放数据政策对我国的启示

（1）建立保障开放数据的政策法规体系。完善的政策法规体系是开放数据的重要保障。我国政府数据资源开放的政策法规体系建设起步较晚，对于公民自由获取公共信息的条件规定过于严苛，且没有涉及对于政府数据的资产化开发的详细规定。如 2007 年出台的《政府信息公开条例》，对政府信息公开的范围进行了细化，但对公民申请获取未公开信息的途径设置过于单一，公民自由获取信息受到局限。应当建立健全政府数据资源开放共享的政策措施、标准体系和规章制度，强化对政府数据资源开放共享的组织协调、统筹规划和监督管理。同时，探索建立公众参与、专家论证和政府审定发布相结合的标准制定机制，加强个人隐私保护法律法规的建设。

（2）引导开放数据应用为社会民生服务。开放数据运动始终围绕着"更好地满足公众的需求"这一核心，通过政府开放数据促使公共机构更好地服务于公众。目前，我国政府数据资源开放涉及民生内容的条目类别不够全面。同时，个人申请公开的信息必须与自身需求相关，申请程序冗繁，也成为公众对数据自由获取、开发利用的一道门槛，这种有条件的开放数据并不能真正意义体现开放共享的价值。今后，政府开放数据共享应当着眼于公众需求，对于公众迫切需要的、再利用价值高的如交通、环境、农业等政府数据率先开放，采取合理手段鼓励公众参与交流，解决条件式共享的尴尬，探索建立政府数据为民生服务的长效机制。

（3）鼓励数据开发的大众创业。我国政府开放数据内容主要是政务信息，增加了政府透明度，但是对于促进大众创业的影响较弱。优质的数据资源往往被政府部门、事业单位或个别大型企业占有，行政垄断使得社会资本很难涉足这一领域，因而成功开发政府数据的商业案例极少。创新驱动发展大背景下，转变政府职能，政府数据更多向公众开放，对于形成大众创业生态具有重要推动作用。为进一步发挥数据资源的价值，政府应当将开放政府数据的重点放在打开局域数据壁垒、降低自由获取数据的成本、扩大数据再开发利用途径，探索建立信息资源社会化增值开放共享绩效评价制度,引导社会资本对政府数据增值开发,鼓励大众自由运用和开发数据产品,形成应用政府数据大众创业的局面。

(4) 搭建政府数据共享统一门户。从发达国家经验可以看出,统一的门户网站不仅为各级政府构建了"一站式"数据管理平台,对政府有效治理也有诸多益处。统一门户网站通过多样应用格式、多种录入检索方式、多类信息条目等手段提高了政府收集、整理、发布数据的管理效率,还为政府建立起与公众间的线上交互平台,为公众获取、交流、再利用政府数据信提供渠道,也为公众充分参与政府事务提供可行路径。我国需要搭建国家层面数据门户,整合各省、市政府的数据集,同时也鼓励各省、市建立区域数据门户,探索公众参与的开放政府服务门户模式。

14.5 小结

本章对美国、英国、日本三个典型发达国家政府的开放数据举措进行比较,评析了国外政府开放数据的发展特点。通过分析可知,由于政府数据涉及领域庞大,关系到国民经济的方方面面,发达国家采取了一系列措施以推动政府开放数据,既有宏观的政策支持、立法保护、搭建平台,也有微观层面的鼓励社会公众对政府数据的商业开发,体现出对于政策、技术与合作的重视。政策法规是开放数据的保障,使得海量数据能够沿着既定轨道发挥价值。技术创新是动力,通过提高政府数据采集效率,创新数据在经济、社会、公共服务等领域的评价工具和方法,挖掘出数据的更大价值。合作则为开放数据提供了更广阔的平台,国际间合作、政府与公众的合作,既扩充了数据容量,同时也充分调动各主体的积极性。发达国家在开放数据领域取得了值得肯定的成果,所采取的措施对我国而言具有一定的借鉴意义。我国从国家层面尚未建立统一的开放平台,地方政府是数据开放的主力,而城市则是先锋队,北京、上海、青岛等城市已经上线了开放平台。在开放政府数据过程中,应当处理好开放数据过程中的政策法规、技术创新与合作的关系,将政府数据应用于公共服务各方面,引导企业和公众合理使用政府数据创新创业,实现政府数据社会化增值。

15　保障信息安全

　　若要更好地使用数据资源，无论是开放的数据集还是私有的数据库，前提是都必须保持数据的安全，即保证数据具备完整、可用、未被篡改等特性。需要注意的是，即使实现了安全的系统，若数据使用不当，也会出现安全事故。大数据时代，数据集可能需要长期使用，数据也会在不同的系统间流动，保证数据安全、持续、高效的可访问性也是数据适用的必备条件。

15.1　信息安全的内容

　　若系统本身不安全，对数据来说则是明确的威胁。非法用户可以通过失效、有缺陷的身份认证、授权等环节盗取数据，也可以窃取未有效加密、甚至未加密的数据。例如，黑客攻破零售商的数据库并截取数据库中的客户信息。保证数据安全首先要保证信息安全，信息安全是旨在增强计算机、通信等方面安全的一整套策略和技术，至少包括以下方面：

　　身份认证：是谁？系统需要对用户身份进行验证，知道使用者是 A 还是 B。

　　授权：被允许做什么？在了解使用者是谁的基础上，系统还需要对使用者的数据访问资格进行验证，了解使用者能够做什么，不能够做什么，并对其加以实施和限制。

　　可用性：攻击者会干扰被授权的功能吗？系统需要保证被授权的用户可以执行合法操作可用的功能，不被干扰。

　　保密性：数据或通信会被某些未被授权的人复制吗？这要求数据的使用只限于被授权的用户，非授权用户应无法进行复制、使用数据或通信的操作。

完整性：数据或通信会被未被授权的人改变或操纵吗？系统需要确保数据在传输和存储过程中不被篡改，保持数据的"本来面目"。

不可否认性、审计能力：已发生的行为后来能被证明发生过吗？现实世界中的购买支付行为可以提供很好的例子，说明系统具有不可否认性、审计能力的重要性。

信息安全包括了保证数据的保密性、可用性和完整性，主要涉及加密、访问控制和审计等技术。

在网络环境下，数据可在大量不同的数据系统和子系统间流动，因而整个网络系统的整体安全以及子系统的安全对保证数据安全来说都极为重要。定制化的可信系统能够识别用户环境，并能随环境的变化而变化。此外，还应设计监控可信系统在网络中变化时数据是否安全的方法，以保证系统组合的安全性。这需要研制相关工具用于监控数据在大量可能变化的子系统传输过程中的安全，并挖掘安全相关数据，以提高信息和网络系统的安全性。

15.2　使用并发展加密技术

使用加密技术可将任意类型的可读明文数据，转换为不可理解的随机密文字符串。加密后的密文不需特别的安全性保护，既可以存储在云上，也可以发送到任何地方。如果密文接收方没有密钥，那么这些数据对他们就是没用的，既读不懂也使用不了。密钥是由"比特"组成的字符串，只有已授权的用户才知道它们，才可用它们将密文重新转换为明文。如果很好地使用了加密技术，不仅可有效保护系统安全，还可以杜绝相当一部分隐私侵害。

15.2.1　重视密钥管理保障数据开放

在加密技术中，密钥的管理非常重要。直至 20 世纪 70 年代，密钥都是以物理分离的形式保存的。这时加密和解密使用的是相同的密钥，称为对称加密算法。其中最具代表性的算法是 20 世纪 70 年代 IBM 公司提出的数据加密标准（data encryption standard，DES）算法。1977 年，美国国家标准技术研究所（National Institute of Standards and Technology，NIST）的前身国家标准局（U.S. National Bureau of Standards，NBS）将这种算法作为普通机构（非秘密机构）使用的数据加密标准，该算法在金融及其他非军事领域的应用极为广泛。之后，研究人员在 DES 的基础上又提出了许多 DES 的改进算法，2001 年美国国家标准与技术研究院发布高级加密标准（advanced encryption standard，AES）取代了 DES，成为对称密钥加密中最流行的算法之一。

"公钥加密"的出现改变了对称加密密钥管理不便的情况。顾名思义，公钥是允许公开的密钥，公钥用于加密时，解密需要私钥，反之亦然。公钥密码算法中最具代表性的算法是 RSA 算法，是迄今为止理论上最成功的公钥密码体制，能够抵御已知的绝大多数密码攻击，被国际标准化组织（International Organization for Standardization，ISO）推荐为公钥数据加密标准。

公钥加密将密钥分发问题转换为了身份认证问题，公钥加密也提供了帮助认证身份的技术，即电子签名。电子签名可以这样表达信息"我是认证机构 X，证明这是属于 Y 的公钥，有效期从 A 到 B。X（签名）"，这样的信息就被称为证书，证书的格式和验证方法通常遵循 X.509 国际标准。证书本质上也是问题的转换，将从数以亿计的人中识别出 Y 的问题，转换为对顶级证书颁发机构（Certificate Authority，CA）身份的验证的问题。全球仅有数百个广受信任的证书颁发机构，显然证书颁发机构的数量较人数少得多，使用者只需确认证书颁发机构是合法的即可，无须再确认人员的合法性，将身份认证简化了。

当政府数据公开时，若有些数据是敏感信息，只能公开给特定人群或机构，那么仅需使用合适的加密手段，再配合身份认证就可解决这一问题。这就保证了非涉密数据都可以开放，但开放方式有所不同，有面向所有人群的明文数据，还有面向特定人群的密文数据。利用这种方式能够减少公开数据分级的工作量，从实施手段上保障了数据开放的可操作性。

15.2.2 提升隐私保护信心

城市中使用加密算法的移动设备逐日增加，其中一些设备的安全性不高，密钥更容易泄露。为了减少密钥泄露的危害，不断有新的密钥保护技术被提出。2003 年提出了前向安全公钥加密方案，使得当前的私钥即使泄露了也不会影响私钥泄露之前时间段产生的密文的安全性。2013 年，社交网络公司推特（Twitter）公开宣布启用完全前向加密技术（Perfect Forward Secrecy，PFS）保护用户数据，防止密钥遭到破解，增强了用户对自己隐私数据保护的信心。

此外，学术界还提出了密钥隔离、入侵容忍技术，保证已经发生泄露的密钥不能推导出该泄露时段之前以及之后的密文，即保证前向安全性和后向安全性。密码学的其他前沿研究有些已用于隐私保护实践，更多地还处于研究阶段，商业化应用尚待成熟。

"零-知识"（Zero-knowledge）系统允许加密数据以高层抽象的方式被查询而无需泄露实际数据，即 A 能够在不向 B 提供任何具体秘密信息的情况下，使 B 相信某个论断是正确的。目前，零-知识系统仅用于一些简单的商业领域，比如位置隐私保护，一群朋友想知道他们什么时候离得更近，但是并不需要共享他们实际的位置给第三方。同态加密（Homomorphic encryption）可以在不解密的条件下直接对密文进行有效运算，为云计算的数据隐私保护提供了一种理想的解决方案。此外，如果参与计算的各方都仅知道部分隐私数据，利用同态加密和多方计算技术（multi-party computation）可以将各部分数据整合起来生成有用的结果，而无需通知参与方他们并不知道的信息。差分隐私（differential privacy）通过添加噪声使数据失真，用于在数据查询或计算时避免个人身份被识别，也是一个相对较新的发展领域。

随着前沿技术的成熟，将有更多的保证信息安全和隐私的方法应用于实践，大数据应用的领域范围和深度将随之增长。这有助于更好地平衡大数据应用的优势和隐私保护之间的矛盾关系。

15.3　明确信息安全与隐私的关系

隐私与信息安全两者有一致的方面，它们都非常排斥恶意攻击，如系统漏洞、病毒、黑客攻击等。理论上，信息安全强制执行的防范策略是清晰、明确的，这是保证系统安全的必要条件，达到必要条件的系统被认为是"可证明安全"的系统。但可证明的安全性仅存在于非常小的领域，例如，某些类型的计算机芯片的某些功能上。信息安全研究的一个方向就是将可证明安全的系统适用的领域不断扩大。事实上，实践中信息安全不断提升的有效方法往往是从安全失效的案例中得到经验教训。信息安全的现实目标是不断提升系统的安全性，在恶意攻击进化之前使得系统在大多数地方和大多数时间是安全的。当技术人员保证系统是安全的，是指在现有设备中安全技术设计的功能能够阻止已有的、甚至将来才能研制出来的其他应用程序破坏现有的安全策略。

隐私与信息安全两者也有明显的区别。与信息安全相比，确保隐私有更大的不确定性，人们很难明确地将隐私策略描述出来。信息安全需要应对的是对今天的软、硬件平台的未来的威胁，这已经很难了，而隐私需要面对的是对未来平台的未来威胁。未来的平台不仅包括软、硬件，也包括新型的数据和新型的算法，未来的威胁包括在新型的软硬件基础设施上，利用新型的强大算法分析新的和原有的数据资源。此外，与信息安全相比，隐私的范围与人们的假设和喜好相关，更具多样性。事实上，将人们的隐私偏好编纂归类也是隐私研究的一个重要领域。

信息安全是隐私保护的必要条件，即使有完美的信息安全，隐私仍然可能处于风险中。如果被授权的用户选择滥用数据，或者数据被不当发布，隐私仍然会被侵害。比如，得到授权使用安全监控系统的用户可能监视同事，侵犯同事的隐私权。

15.4 提供持续、高效和安全的数据访问

由于用于大数据分析的数据集可能存续的时段非常长，因此大数据的共享、分析和使用不应仅局限于当前和短期，也要为长远的未来提供支持。有可能在遥远的未来，在城市治理的某种应用目的下，需要将历史数据集与刚收集到的数据结合。这要求数据持有者能够以持续、高效和安全的方式为用户提供可靠的数据访问服务。

数据访问的持续性指的是政府、企事业单位等拥有数据的机构能够连

续、不间断地为用户提供对开放数据的访问服务。因此，大数据的生态系统必须要设计用于长期的、持续的数据访问。当前收集到的数据至少需要满足五年可用、十年可用的要求，当前研制的工具需要适用于更大规模的数据集。大数据信息技术设施需要有一定的适应性，能够随着新技术的发展增强功能、扩展规模。

数据访问的高效性指的是数据持有者能够为不同应用目标的用户，快速提供所需的有价值数据，并能够与时俱进地对所持有的数据进行优化处理。独立的数据集可能无法完全发挥数据的价值，大数据需要将数据集之间联合起来，以高效的方式从中找出数据蕴含的价值。数据管理机构需要根据数据内容确定数据集的价值，随着大数据时代数据资源数量的增加，还需确定数据集之间的相关价值，这要以方法论支持系统性的数据资源及价值的成本收益分析，这是极具挑战性的。另外，由于要搜索的数据范围更广（可能跨多个资源库）更深（在一个资源中找到正确的数据），需要不断研究智能化、可伸缩、强健的搜索方法，以跟上广度和深度都在不断增长的数据集。随着时代进步，对数据集的管理要求也会有所变化，需要有自动化的数据生命周期管理工具，能够帮助机构决定在什么时机以什么样的方式处理数据集，例如是否应该保持数据集、是否应该删除数据集等。数据存储、归档和处理与相应的存储技术发展密切相关，新的高密度、低成本的存储解决方案在未来将降低大量数据存储和检索的难度。

在大数据网络空间背景下，数据可能要在很多不同的数据系统之间流动。当数据在企业、政府部门之间共享时，隐私和安全问题就成为所有共享平台中最重要的问题之一。值得信赖的安全网络、值得信赖的安全系统、值得信赖的隐私保护，这些问题必须解决，以确保在不同的数据持有人之间产生信任，能够进行合适的数据控制和分发。对敏感数据集的隐私和安全的信心是任何数据共享技术设计都必须考虑的部分，也是大数据伦理和社会关注一部分。若缺乏隐私和安全战略，将不利于数据的生成和收集，对数据持有者信任度的降低也将降低数据共享的可能性。大数据时代与之前不同的是，数据分析结论的得出不仅可能从收集到的原始数据得到，也可能是以数据集重用、更新或融合后的方式得到的。因此，确保用户对原始数据集和派生产品的安全和隐私信任是必不可少的。

16　加强隐私保护

信息基础设施成熟，大家通过互联网发布心情、讨论问题、记录就医信息，通过移动互联网订餐、购物、记录锻炼里程，通过车联网导航、定位，留下了无数个数据足迹，而利用大数据技术，这些大量的、散布的、低价值的数据就有了累积性和关联性。若把数据聚集在一起，就能够发现个人、企业等实体的各种信息。这些信息如果被用于获取人们需要的产品、提升产品质量、提高服务水平、优化生产流程，能给企业带来利润、给个人提供更便捷、完善的服务。但收益总与风险相伴，若这些信息被用于欺诈、恐吓、绑架、歧视等，将给大家带来的不仅是无尽的麻烦，还有可能造成经济损失和人身伤害。

16.1　什么是隐私的问卷调查

"隐私"作为人们熟知的生活概念，其内容随着时代背景及区域文化而不断变化。1890 年，Warren 和 Brands 最早提出的隐私主要包括思想、观点和情感。随着新闻媒体的发展，美国著名侵权法专家威廉·普罗瑟（William L. Prosser）1960 年发表的权威论文《论隐私权》，通过总结 200多个案件判例指出隐私主要包括：肖像和姓名、私人空间、不愿让外人知道的秘密、容易被他人误解的私人信息。随着网络的发展，尤其是电子商务和社交网络的普及，隐私的关注日益升温。1999 年，美国杨百翰大学的Darhl Pedersen 教授在此基础上又增加了朋友信息、家人信息。大数据时代的到来，隐私推到了风口浪尖，大量学者对此开展了研究。2012 年，香港科技大学的 Raymond Chi-Wing Wong 认为音视频数据属于隐私，美国的Schadt Eric 教授认为个人的网络言论、照片、朋友圈等数据都属于隐私。国内的相关研究起步较晚，代表性的观点：张新宝教授（1990）认为，

"公民依法享有的住居、财产状况、社会关系、性生活以及不愿对外公开的信息等都属于隐私";王利明教授（1995）认为，"非法获取个人信息、干涉个人私事的决定等都属于侵犯个人隐私行为"。

从法律层面，欧盟对于隐私执行相对严格的标准，隐私范围较广，一般诸如个人年龄、工资、信用状况、财产状况、身体状况、就业状况、家庭状况、爱好习惯、网络言论、网购记录等都包括在内，并有相关的法律保护。日本定义隐私的范围相对较窄，主要包括个人年龄、家庭住址、财产状况等内容，对于网购记录、网络言论等都没有特别保护。

大数据时代背景下，通过关联性的数据挖掘，能够在表面毫无关联的海量数据中发现个人的很多隐私信息，给信息安全和隐私保护带来了新的问题。现有文献对于大数据时代背景下中国的个人隐私内容缺乏专门的研究。为此，本章将通过问卷调查和深度访谈，确定个人隐私的主要内容；应用交叉分析，针对不同隐私信息及其所属人群特点，提出个人数据隐私保护的措施建议。

16.1.1　样本信息及总体情况

（1）样本信息。参考国内外相关文献，编制调查问卷，经反复修改及预调查后形成最终问卷。问卷调查采取了在线和离线两种调查方法，在线调查通过专业调查网站"问卷星"进行，对象主要包括同事、朋友、学生、QQ 群友、人人网好友、微博好友、微信好友、网站访客等；离线调查一是借会议、研讨之机开展现场调查，二是组织学生深入学校、工厂、街头开展现场调查。本次问卷调查共发放 600 份，实际收到调查问卷 509 份，其中在线问卷 313 份，离线问卷 196 份。为了弥补问卷调查的不足，围绕隐私顾虑的重要问题，选择了 20 个样本进行访谈。问卷及访谈调查均在 2014 年 1—3 月进行，样本构成如表 16-1 所示：

表 16-1 研究样本的描述统计信息

	特征	问卷比例（%）	访谈比例（%）		特征	问卷比例（%）	访谈比例（%）
性别	男	49.1	55.0	从事的职业	全日制学生	14.7	10.0
	女	50.9	45.0		公务员	6.3	10.0
年龄	18 岁以下	2.7	5.0		专业人士	16.1	10.0
	18~30 岁	57.5	30.0		军人	0.2	5.0
	31~40 岁	29.1	30.0		市场/公共人员	7.1	10.0
	41~50 岁	8.1	15.0		财务/审计人员	7.9	10.0
	51~60 岁	2.1	10.0		文职/办事人员	22.2	15.0
	60 岁以上	0.5	10.0		技术/研发人员	16.5	10.0
受教育程度	初中及以下	3.1	5.0		教师	3.1	15.0
	高中/职专	3.9	10.0		其他	5.9	5.0
	专科	10.4	15.0				
	本科	65.8	30.0				
	硕士及以上	16.8	40.0				

（2）总体情况。调查问卷设计过程中，根据国人的实际情况，排除了普遍认同为隐私的姓名、肖像、住址等项目，列举了 12 种个人数据，其中有的项目是近年来新出现的热点，如网购记录、公共场所视频；有的是和国外隐私观念明显不同的，如家庭成员、婚育状况。

调查显示，根据是否属于个人隐私的概率从高到低依次为：电话号码（76.23%），QQ 及飞信等社交软件账号密码（70.33%），家庭成员（66.99%），指纹、声纹、DNA 等个人生物数据（63.46%），IP 地址及手机位置信息（58.74%），工作单位（55.6%），上网记录（55.01%），网购记录（54.81%），婚姻与生育状况（53.83%），公共场所被拍摄的视频、音频资料（43.22%），社交网站的朋友及动态（35.36%），遵纪守法情况（24.75%），如图 16-1 所示。

绝大多数公民已经意识到电话号码属于隐私范畴。随着大数据产业的发展，个人数据需求日趋旺盛，商家通过搜集消费者的个人身份信息，通过分析、评估能够获得个人的隐私信息，推断顾客行为，实施定点营销，

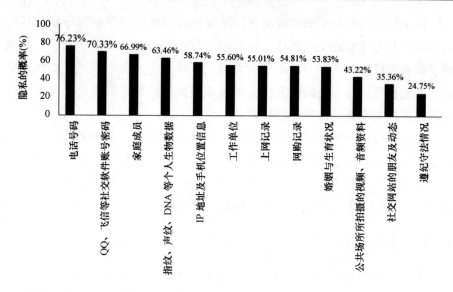

图 16-1　个人数据被认为是隐私的概率

获取超额利润。其中，电话号码成为了商家获取个人身份信息最常用的途径，顾客经常会受到商家不定时的电话骚扰。另外，QQ、飞信等都是可以用手机号绑定的，飞信和微信是可以用手机号登录的，只要能收到验证码，就可以忽略之前密码而直接登录，这导致了巨大的隐患，甚至不法分子利用该漏洞进行诈骗，很多用户已经意识到该隐患。

家庭成员和个人生物数据等数据，人们意识到其特殊性，大多数人把其列为隐私的范畴。而工作单位、婚姻与生育状况也反映了个人特殊身份的信息并没有引起大家的重视，这与国外的观念有很大的反差，国外对这两项个人信息非常重视。目前，在中国，求职过程中，尤其女性是否结婚并生育直接影响其求职结果。

公共场所拍摄的视频和音频资料、上网记录、网购记录在生活中一般感受不到其价值，所以很多公民并不认为这些个人信息属于隐私。其实，这些是非常重要的个人信息，且都以数字化的形式存在，对个人有很大的影响。典型的是重庆雷政富不雅视频事件，直接导致其被刑拘。某些个人的视频、音频资料如果被非法分子利用，并迅速地扩散，也可能产生严重的隐私侵犯。要想消除这种后果，是非常困难的。

169

社交网站的朋友动态和遵纪守法情况没有引起公民足够的重视。其实这两项是非常重要的个人信息，许多犯罪分子通过获取他人的动态，迅速的了解被监视者的喜好、活动范围等信息，从而做出犯罪规划，以便于更好的实施犯罪，这对公民的人身安全造成极大的威胁。提醒公民应重视社交网站的朋友动态，设置浏览权限。

遵纪守法情况对公民的未来发展也是极其重要的，很多招聘单位对有过犯罪前科或有过违法记录的人是不录用的。但是，这样做对于很多已经痛改前非的人来说是不公平的，这意味着失去了就业的机会。由于不受社会认可，他们只能继续重操旧业，形成恶性循环。

16.1.2 交叉分析

对本次调查结果的分析除了采取传统的统计分析方法之外，着重利用调查结果数据库开展调查选项之间的横向与纵向交叉分析，依此探求调查选项之间的内在联系。在问卷调查中采用性别、年龄段、受教育程度、职业4个维度，这里主要采用前两个维度，对主要的调查选项进行双因素交叉分析。双因素交叉分析方法可抽象地描述为：

设有调查样本类 $X = \{x_1, x_2, \cdots, x_m\}$ 和 $Y = \{y_1, y_2, \cdots, y_n\}$

则交叉分析结果 $X \times Y = \{(x_i, y_j) \mid x_i \in X, y_j \in Y\}$

式中，(x_i, y_j) 为 X 中的 x_i 对应于 Y 中的 y_j 的样本数。

（1）基于性别的交叉分析。经性别的交叉分析发现，女性认为个人信息属于隐私的比例都高于男性，说明女性对个人信息更为敏感，如表16-2所示。并且在能够主动地采取措施保护个人隐私信息和从未意识到个人隐私信息需要保护两个选项中，男性为22.08%和6.00%，女性为31.66%和1.54%。这表明男性普遍"粗心"和"懒惰"，而女性则比较"细心"和"主动"，如表16-3所示。但当个人信息受到侵害时，女性选择默默忍受的概率为25.48%大于男性的23.60%，这说明女性在采取具体措施方面的灵活度低于男性。有防范意识但没有采取特别保护措施的比例较高，均超过了50%，有防范意识但不知道如何采取保护措施中男性和女性几乎没有差别，比例都偏低。说明我国在保护个人信息方面没有规范的机制体制，没有明确的法律条款对隐私的概念和内容范围进行规定。

表 16-2　不同性别对于隐私内容认识的交叉分析

隐私内容	男	女
家庭成员	47.51%	52.49%
工作单位	44.88%	55.12%
公共场所被拍摄的视频、音频资料	45.00%	55.00%
电话号码	45.10%	54.90%
QQ、飞信等社交软件账号密码	47.77%	52.23%
社交网站的朋友及动态	46.67%	53.33%
婚姻与生育状况	45.99%	54.01%
指纹、声纹、DNA 等个人生物数据	44.58%	55.42%
遵纪守法情况	50.00%	50.00%
IP 地址及手机位置信息	44.15%	55.85%
上网记录	46.79%	53.21%
网购记录	44.09%	55.91%

表 16-3　不同性别对于隐私保护措施的交叉分析

性别	主动地采取措施保护	有防范意识但没有采取特别保护措施	有防范意识不知道如何采取保护措施	从未意识到需要保护
男	22.80%	57.20%	14.00%	6.00%
女	31.66%	50.97%	15.83%	1.54%

　　分析可知，女性具有隐私防范意识，但没有防范技术。女性对隐私信息较为敏感，女性个人隐私泄漏的比率高于男性，而采取主动防御措施保护个人隐私信息的比例低于男性。泄漏个人隐私的途径非常多，例如有经验的黑客可以根据你平时喜欢浏览的网页分析你的个人行为，判断个人爱好，从而得知你的隐私。但是女性对这方面的技术防范能力比较差，除加大隐私宣传保护力度外，应更加重视隐私防范技术的培训。

　　（2）基于年龄段的交叉分析。经交叉分析发现，18 岁以下的未成年人和 40 岁以上的中老年人对隐私的认识程度明显低于 18~40 岁的青年人，如表 16-4 所示。18 岁以下的未成年人对隐私事物和非隐私事物之间的界限比较模糊和混乱，对隐私事物缺乏足够明确的认识。而 40 岁以上的中老年人，思想观念比较保守，具有传统的价值观，所以在隐私意识方面显得较为薄弱。但在能够主动采取措施保护个人隐私信息选项中，18 岁以下青少年比例占到 71.43%，如表 16-5 所示，说明青少年群体一旦意识到自己的隐私被泄漏，保护意识非常强。而 50 岁以上的有防范意识但没有采取特别的措施的占 72.73%。由于中老年人受传统观念的影响，本来保护个人信息意识就非常强，一般都会有保护意识，但是迫于知识或精力的限制，基本不会采取特别的保护措施。

表 16-4　年龄段对于隐私认识的交叉分析

隐私内容	18 岁以下	18~30 岁	31~40 岁	41~50 岁	51~60 岁	60 岁以上
家庭成员	2.35%	59.53%	29.33%	7.04%	1.76%	0.00%
工作单位	1.06%	54.06%	34.28%	8.13%	1.77%	0.71%
公共场所被拍摄的视频、音频资料	0.45%	56.36%	33.64%	7.73%	1.82%	0.00%
电话号码	1.29%	59.28%	30.41%	7.99%	1.03%	0.00%
QQ、飞信等社交软件账号密码	1.12%	59.50%	28.77%	8.10%	2.23%	0.28%
社交网站的朋友及动态	0.56%	61.11%	31.67%	5.56%	1.11%	0.00%
婚姻与生育状况	1.09%	55.47%	33.21%	7.66%	2.55%	0.00%
指纹、声纹、DNA 等个人生物数据	1.24%	58.82%	30.03%	7.43%	2.17%	0.31%
遵纪守法情况	0.79%	57.14%	30.95%	7.94%	2.38%	0.79%
IP 地址及手机位置信息	0.33%	60.54%	31.10%	6.35%	1.67%	0.00%
上网记录	1.07%	60.71%	30.00%	6.43%	1.43%	0.36%
网购记录	0.72%	58.42%	32.62%	7.17%	1.08%	0.00%

表 16-5　年龄段对于隐私感知程度的交叉分析

年龄段	主动地采取措施保护个人隐私信息	有防范意识但没有采取特别的措施	有防范意识不知道如何采取保护措施	从未意识到个人隐私信息需要保护
18 岁以下	71.43%	14.29%	14.29%	0.00%
18~30 岁	26.28%	52.90%	16.04%	4.78%
31~40 岁	27.70%	58.11%	12.84%	1.35%
41~50 岁	24.39%	58.54%	14.63%	2.44%
51~60 岁	9.09%	72.73%	9.09%	9.09%
60 岁以上	0.00%	0.00%	50.00%	50.00%

分析可知，18 岁以下未成年人的隐私认识程度较低。未成年人的隐私意识处于形成期的初级阶段。在隐私的具体涵义及可能范围方面，则显得认识较为模糊，而且个体差异也比较大。而且目前大部分未成年的公共意识都有所提升，对公域与私域的区分尚缺乏足够明确的认识，这直接影响了其隐私观念的细化，这必然会造成未成年人在隐私事物和非隐私事物之界限上的模糊和混乱，不利于培养未成年人正确的隐私观念。50 岁以上的中老年人有隐私保护意识，但基本不采取防范措施。由于中老年人自身的特殊性，他们的包容性更强，一方面当他们发现隐私被泄漏时，会选择坦然面对；另一方面，他们的隐私安全技能也不熟练。

16.2　隐私保护措施建议

近期连续发生了大学新生被骗学费的案件，尤其山东临沂连续出现两起学生因被骗学费死亡的事件，引起了网上的热议。由于骗子能进行精准行骗，大部分网民都将矛头指向了个人信息保护。当前，个人信息侵犯越来越猖獗，不仅给当事人造成经济和精神损失，严重时还可能出现网络群体时间，更深远的影响，可能影响互联网及社会的信用体系，从而影响网络经济发展，降低政府公信力。应尽快采取措施，完善个人信息保护机制。

16.2.1 明确个人信息保护内容

国内保护个人信息的立法模式倾向于通过隐私权来保护。大数据时代背景下，许多个人信息如家庭成员、工作单位、婚姻状况、网购记录、上网记录等看似没有现实意义，但经过整理加工之后所形成的数据资料具有经济价值；而且，这些个人信息一旦传播出去，后果具有不可逆转性。因此，对个人数据采取明确的法律法规保护尤为重要。美国将个人信息作为一种财产权对待，提供财产权上的法律保护。欧洲对个人数据的保护更为重视，例如，英国法律要求，企业或政府在要求人们提供个人信息时，必须告知其使用信息的主体、目的等事项。在英美法上，声音、形象、个性化签名等还可能形成公开权或形象权。在德国，如果公民收到垃圾短信，法律判定为侵犯个人私生活安宁。中国应借鉴国外的相关立法，并结合中国的实际，加快制定关于公民隐私权保护的法律法规，明确隐私侵犯的范围，真正做到有法可依。

（1）将核心敏感数据纳入法律保护。目前我国没有明确规定敏感数据的范围，但有些数据是无争议的核心敏感数据，如身份证号码、资产状况等。应尽快将一些核心敏感数据纳入法律保护。我国还没有一个完备的个人信息保护法，如果此时再制定敏感数据保护法，不太现实，所以结合我国的国情，应在个人信息保护法中，明确规定将指纹、声纹、DNA 等核心敏感数据信息纳入法律保护范围。

（2）制定行业数据收集负面清单。被斯诺登揭露的美国"棱镜计划"，电话、电邮、文档、视频、照片、聊天记录等几乎所有的信息都暴露在"棱镜"之下。大数据为侵犯隐私开了方便之门。如果不对行业的个人数据获取、访问、共享加以法律约束，那么个人隐私将不复存在。因此，必须明确某些行业不能收集的个人数据内容。例如电商行业，以淘宝为例，由于存在支付方式的问题，一般都跟银行卡相关联，如果再有身份证的数据信息，一旦泄露后果不堪设想，因此应规定不能收集身份证。

（3）制定特殊人群数据使用的负面清单。对不同年龄段和不同性别的人，数据信息对其影响程度是不同的，对个人隐私内容也有不同的诉求。对于未成年人，遵纪守法情况是非常重要的数据信息，一旦被泄露，不仅对青少年的身心健康带来重要影响，更重要的是影响其未来的职业人生。对于老年人，个人生物数据非常重要，通过分析生物数据能间接的知道老年人的病史，如果被掌握数据的人恶意利用就会给老年人带来非常大的困扰。因此应规范数据的使用，有些数据应禁止进行二次分析或者其他处理，应做到特定数据用于特定用途。

（4）规范新型敏感数据的使用。公共场所视频、移动设备位置信息、网购记录等个人数据虽然存在已有时日，在大数据环境下，其敏感性日益增强，商业价值日益提升。应该根据其发展趋势，规范其采集利用。一是规定数据保存期限。针对不同的行业，不同的数据类型，应制定不同的行业标准。目前，《征信条例》明确规定不良信用信息保存时限为 5 年。欧盟已建议互联网公司保存数据不要超过 6 个月。二是细分数据保存安全级别。在行业采购中关注重要行业对 IT 硬件、软件和服务供应商的选择。例如对涉及人身财产安全的数据采取一级保护；对一些敏感信息如涉及商业秘密、知识产权、关键业务信息、业务合作伙伴信息等信息采取二级保护等方式细分数据保存级别。

16.2.2　加强隐私观念教育

加强正确的隐私观念教育，消除狭隘的隐私保护意识，科学合理地分享个人数据。此外，应根据不同的情况，选择个人数据公开的范围及数据的敏感度，使公民既享受到大数据带来的便利，又能维护个人信息的安全。

（1）学校教育。充分利用学校的教学资源，发挥学校教书育人的载体和途径作用，培养孩子的隐私意识。要避免使用一些说教形式的灌输，而应采用一些案例分析，现场模拟等丰富多彩的教育活动激发隐私意识的产生，告诉学生什么是隐私，如何尊重他人的隐私，如何保护自己的隐私。同时老师要及时的关注学生的动向，解答学生的隐私疑惑，引导学生树立正确的隐私观念。

（2）公益广告。公益广告潜移默化地影响着人们的行为方式、思维方式的变革，促进人们价值观念的形成，同时也是解除公众防范心理的最好形式。通过一系列公益广告加以引导，使公民的隐私观念增强，越来越多的人更加慎重地分享个人数据。通过高品位的思想性和艺术性相结合的公益广告，鼓励公民为保护隐私而积极举报，与不法的数据收集、处理、交易行为抗争。

（3）知识讲座。举办隐私教育的知识讲座，邀请相关领域的专家作为主讲人，一方面，系统地给听众讲解如何树立正确的隐私观念，消除狭隘的隐私观念，科学合理地分享个人数据；另一方面，教授隐私保护技巧，提高自我保护能力。

16.2.3 完善隐私泄露举报机制

监管部门在隐私泄露行为的监管过程中，往往会在信息获取方面存在多种问题，如信息不对称、有效信息不足、信息获取成本高等。因此，可以通过构建多方参与的举报机制的方式，提高监管效率。

（1）建立隐私泄露举报奖励基金。举报人举报隐私违法行为，除了举证成本，还可能面临打击报复。若建立举报人奖励基金，将从具体措施上引导公众参与隐私泄露行为的举报，从而有效打击违反隐私保护的行为。通过灵活的奖励机制鼓励社会各界参与举报，提高打击力度。如建立罚金分红制度，举报人举报案件，并参与取证、作证，可以分享案件罚金。这有利于鼓励企业内部人员或者专业维权人士举报隐私保护违法行为。

（2）设立专门的隐私泄露举报受理机构。与其他违法行为不同的是，隐私泄露不会立刻造成人身伤害或财产损失，因此，对它的举报通常无法引起相关部门足够的重视。为了解决这一问题，应设立专门的隐私泄露举报受理机构，承担以下职能：一是收集并筛选举报信息。多渠道地收集相关举报信息，并对举报信息进行筛选和分类；二是核实收集到的举报信息。隐私泄露举报受理机构对举报信息筛选后，圈定重点内容，并监测选出的信息，以检验被举报的内容是否属实；三是将可确认的信息移交相关部门。如果信息核实无误，根据具体情况，移交给具体的处理部门。这样既能广泛征集举报信息，又可以将信息迅速甄别和传递，能提高举报效率，节约监管成本。

（3）利用新媒体接受举报。应充分利用新媒体，如公开电子邮箱地址，应用当前流行的微博、微信及在线虚拟客服，完善举报信息的接收途径，提高举报信息处理效率。

16.2.4　支持协会组织

个人数据往往是批量泄露，受害者众多；而个人维权的成本很高，组织集体维权难度很大。这种情况下，就需要第三方监督机构。如美国有多种形式的个人信息保护组织，其中最为著名的是电子信任组织 TRUSTE 和商业促进局在线组织 BBB Online（Better Business Bureau Online）。我国也应引导和扶持其发展。

（1）鼓励民间建立隐私保护协会组织。对于隐私保护的监督、第三方认证、教育培训等协会组织，应放宽审批条件，使其更易获得合法性。对于资助此类协会组织的企业、社团、个人，应该给予税收优惠，鼓励社会捐款。

（2）建立政府与隐私保护协会组织之间畅通的沟通渠道。隐私保护协会与行业结合紧密，他们的意见一定程度上能够反映不同行业中各企业的诉求。因此，政府部门若要研究或制定各行业发展相关的重大政策、举措，应征询隐私保护协会组织的意见和建议，使协会组织的建议与诉求能够充分表达，作为政策制定的参考依据。

（3）完善集体诉讼制度。在劳动合同纠纷领域得到了广泛应用的集体诉讼制度，对隐私保护协会组织的产生、运行和维护都极具参考意义。对个人数据隐私侵害行为的集体诉讼，也可仅由代理人代为举报并参与诉讼，受害者不需举报，更不需参与诉讼。一旦胜诉，会根据既定的比例补偿受害人。这样能够极大地降低协调成本，也有利于协会组织的可持续发展。

17　推广众包模式

　　大数据应用主要是对城市运行数据的收集、处理和分析，并得出可行性方案，将城市建设得更美好。城市运行数据中，最关键的是市民的行为数据。市民是城市治理的参与者和利益相关者，缺少市民的参与，大数据这个"巧妇"是难为无米之炊的。没有市民参与的大数据应用不是真正的大数据应用，没有市民参与的城市治理也不是真的城市治理。实际上，只有让城市中市民参与的程度更高，依靠大数据应用的城市治理才能真正践行。

17.1　不可或缺的市民参与

17.1.1　"运动式治理"的穷途末路

　　"严打"对于很多人来说都不陌生，这是我国特有的严厉打击刑事犯罪系列活动的简称。严打是运动式治理的典型。长期以来，运动式治理是我国城市乃至国家重要的治理方式。这种治理方式的特点是，为了达到治理任务的目标，往往通过有效的意识形态宣传和多渠道的社会网络渗透手段，充分发挥群众的积极性，以政治动员的方式集中并管理各项社会资源，从而完成治理任务。在转型期，我国的国家治理能力尚有欠缺，难以通过提升组织管理能力的方式提高管理效率，为了达成治理目标，需要利用意识形态宣传、政治动员等运动式手段弥补不足。而要从根本上解决问题，必须依靠市民参与。

17.1.2　市民参与的重要作用

　　改革开放以来，以政府为主体的城市治理体系在维护城市秩序、推动城市建设等方面发挥了重要作用。但随着城市的发展，这样以"市长"为代表的过度集中的城市治理模式，也带来了决策不科学、效率至上以及"城市病"等诸多弊端。2014 年，中央在时隔 37 年后专门召开城市工作会议，此后各地相继开始落实会议精神并纷纷出台文件。但大多数地方的着力点依然停留在目标、指标、项目和投入上，对于如何实现城市发展方式创新，尤其是如何提高城市治理能力等，大多语焉不详。市民参与仍然没有得到应有的重视。传统城市治理需要市民的参与，大数据时代的城市治理更需要市民参与。

（1）市民参与提高决策科学性。市长、专家智商再高，对偌大一个城市的某一角一隅的认知肯定不及生于斯长于斯的居民。小到道路两旁绿化树木、花草品种的选择，中至城市地标性建筑形态、交通网路规划，大及城市整体风貌设计及运维等，几乎都是由城市主要管理者的个人认知、知识、经历甚至兴趣决定的。由于缺乏真实严谨的论证、协商和妥协过程，其随机性、片面性所造成的城市功能缺陷和发展的不可持续性屡见不鲜。建立有效的市民参与机制，能保障市民在城市治理方面的各项权力能够以平等真实的方式实现，因而可充分发挥市民对城市治理的主动性、创造性和积极性，将大家的智慧和力量集中，成为城市不断向着更美、更优、更宜居、更宜业方向发展的强大推动力。

（2）市民参与提高决策效率。很多年来，为解决诸多城市顽症，各城市政府做了大量的部门协同探索，但联动效果依然乏善可陈。比如，某地城区居民反映附近没有市场和超市，生活不便利。为方便群众，政府新规划了一条方便市民的早市街。早市街运营一段时间之后，交通拥堵随之而来，又有市民反馈意见，要求取消早市。开早市容易，取消很难，摊贩和居民都形成了在此交易的习惯，尤其还影响摊贩的生计，必然引起抵制。便民早市事关民生，能提高市民幸福感；交通拥堵却又降低了不少人的满意度。经过协商，有人建议把这条路改成单行道。但这事区政府、街道办却说了不算，需要地党委或行政"一把手"出面协调才能解决。试想一下，诸如此类的问题反映到地方党委或政府主要领导层面的可能性会有多大，时间周期得有多长。在问题待解决的漫长过程中，可能引起大量的社会矛盾和冲突。借助大数据技术，甚至只需简单的舆情监测，市民参与能将诉求直接反馈给市委书记或者市长，将大大提高决策效率。

（3）市民参与丰富了数据来源。美国波士顿的市长汤玛斯·曼尼诺（Thomas Menino）成立了"新城市机制"（New Urban Mechanics）部门，针对社会大众如何以数字化与自动化的方式汇报问题开发了多项服务，影响力逐步扩散到了美国的其他城市。其中一个经典应用是坑洼街道（Street Bump）项目。该项目能使用手机的 GPS 与加速度重力传感器，自动侦测城市道路的坑洞，并汇报政府。波士顿政府提供了 25 000 美元的奖金，与众包平台 Innocentive 合作，寻求能够精准分析坑洞位置与严重性的算法，希望可以让这样的构想付诸实行。最终，波士顿选出了 3 个最好的解决方案，并将其整合到 APP 之中。这个 APP 是这样运作的：驾驶开车前，先打开 Street Bump 的 APP，当手机的传感器侦测到路面颠簸所产生的撞击，GPS 就会记录下所在位置，将信息传送到大型的数据库。一旦有足够的人在相同地点都感受到撞击，就能分辨出，这里的道路应该是有坑洞没错，需进行道路修复了。较之于政府派遣工程车四处巡视获取道路状况数据，该解决方案借助于市民参与，既降低了财政支出，又提高了数据样本量，从而提高了道路状况判断的精准度。

17.2　城市治理众包的魅力

17.2.1　领养消防栓

美国波士顿的冬天积雪很厚，消防栓经常被积雪掩埋，造成消防隐患。为此，2013 年初，波士顿新城区办公室发布了一款名为"领养消防栓"的应用。该应用允许居民为消防栓取名字并"领养"消防栓，前提是该居民在大雪天能保证把他"领养"的消防栓从积雪中"救"出来。如果哪次不能及时"救"出消防栓，别人就可以把消防栓"抢"归己有。这个带有很强娱乐性质的项目覆盖了全市 13 000 余个消防栓，在波士顿迅速传播，居民在"游戏"的同时保证了消防栓在下雪天也处于可用的状态，娱乐与消除火灾隐患一举两得。类似的，芝加哥推出了"领养人行道"的应用，将清扫人行道积雪变为市民的娱乐项目，效果也很好。将公共服务发包给广大市民，这就是众包。

17.2.2　什么是众包

众包（crowdsourcing）的概念是由美国《连线》杂志的记者杰夫·豪尔（Jeff Howe）在 2006 年首次提出的，该词是在外包的基础上衍生的。外包（outsourcing）发轫于 20 世纪 80 年代，是指企业将部分或者全部承包项目或者业务流程委托给第三方，以节省成本，或者专注于核心业务，或者购买专业服务等。

最开始，外包的接包方往往是企业，或者个人。慢慢地，接包方有时候是一群个体，这就形成了众包。根据百度百科给出的定义，众包指的是某个公司或机构把过去需要由员工完成的工作任务，以自由和自愿的方式外包给非确定的网络大众的做法，且涉及的网络大众规模通常是比较大的。众包任务的完成通常是以个人为单位进行的，但若任务需要由多人协作完成，也会出现以开源的个人工作产品为核心，多人协作的方式。众包并不是企业的专利，公共服务领域也能众包，甚至能提供比政府更高效率的公共服务。认领消防栓就是很好的例证。

17.2.3　公共服务众包是大数据、移动互联网时代的产物

传统概念上的众包，仅仅是指公司或机构通过互联网将工作或任务单向包给大众的企业任务分配和管理行为，即一对多（1 TO N）的形式，并非一种商业模式。时至今日，众包已发展成为双向众包的商业模式，即个人或企业都有可能成为发起众包任务的需求发包方，同时，个人与企业也都可能成为接受任务的接包供给方，表现为多对多（N TO N）的形式。随着众包的不断推广，城市公共服务领域也显露了光明的应用前景。供求双方借助 DSP（Demand-Side Platform）技术的推送，保证各种需求都有合适的人看到，最终每种需求都可被合适的人满足。

最初，企业采用的众包主要通过互联网发出任务，具体沟通接洽依然是传统选择供应商的外包流程。而互联网未来多种趋势性新技术给予了众包更多的可能性，包括移动 Web 应用（Mobile Web Applications）、社交分析（Social Analytics）、大数据（Big Data）、云平台（Cloud BPM）、基于位

置服务（LBS）、互联网支付（Internet Payment）、O2O（Online To Offline）等前沿技术，它们能促成众包双方达到最理想的一对一（1 To 1）的交互状态。当前，发包方能利用大数据技术，在垂直社区中精准找到具备资力和能力，最合适完成该任务的人或公司；基于移动互联网，能够实现地理定位、及时沟通以及移动支付。双方通过平台完成项目执行、管理和最终结算，最终完成任务，多方受益。

17.2.4　公共服务众包是城市治理的创新

公共服务众包没有行政命令，是自愿参与的，不是城市管理的行为，是典型的城市治理行为。

（1）自愿参与。无论是认领消防栓，还是坑洼街道，都是市民自愿安装 APP，并接受任务和上传数据。在治理过程中，政府作为参与者之一，与其他伙伴构成平等的伙伴关系，没有任何指令或者压制。

（2）多元主体。多元主体是治理的最重要特性之一，主体不再是政府，还有广大市民，这就实现了治理主体的多元化、权力的多中心化。主体的多元化容易形成多个权力中心，多个权力中心的竞争，有助于克服权力垄断所带来的弊端，增强治理的合法性和治理效率。

（3）制度保障。众包参与者众多，参与者在参与之时会签署或者认可某些合同或者协议，大家都在制度约束下行事。这种制度不像传统的法律法规和合同，往往是在 APP 注册时的用户协议，认可方能成功注册。这些协议就是众包有效运行的制度保障。

（4）协同治理。众包的参与者在行动体系中形成伙伴关系，相互交流、沟通、协商，以求提高运行效率。在此过程中，政府与社会之间越来越相互整合，合作性的政策制定，参与式决策越来越普遍，形成多元主体的协同治理。

（5）复杂网络结构。众包参与者之间有着复杂的社会网络结构，参与行为可能是好友的推荐，或者家人的介绍，甚至是看了陌生人的微博。在承担众包任务时，参与者可以在网络分享，能得到大量粉丝的围观或者点赞。这种组织关系打破了传统的垂直与水平的关系，形成了错综复杂的网状结构，网络中各节点互动频繁，共同适应外部环境的变化。

17.3　城市治理如何众包

众包的应用能够激发居民积极参与到城市的项目中来。这样，不仅能够使居民有热情投入政府的公共事务管理中，而且能够优化政府办事流程，并提高其工作效率。目前，西方国家城市在城市治理中的一个突出特点就是使用众包。众包具体的实现方式可以是开发专门的智能手机 APP，将本应由政府承担的某些工作外包给社区居民。这样不仅能够过滤掉繁琐的审批流程，而且 APP 特有的娱乐化、轻松属性还能营造出高互动性的社区关系，让民众在富有趣味的主题下自觉承担改善社区设施的任务，从而实现双赢。

17.3.1　推广 APP 参与模式

国外不少城市都会运用智能型手机，让群众能够反馈城市的问题。比方说，美国旧金山的居民可以运用 Twitter 汇报道路坑洞与墙上的涂鸦；巴西里约热内卢的居民，可用名为 1746（类似于台北的 1999 市民专线）的手机 APP，反馈或询问各种市政相关问题。

智能手机已经普及。以此为平台，结合市民的善意，开发一些惠民的 APP，能够将城市与市民的关系紧密联系起来。让大众能够将看到的问题，及时汇报给政府，当问题得到解决时，可获得实时的回馈。这样形成一种良性互动，让市民有成就感和责任感，政府则提高效率、降低成本。

2016 年 5 月 18 日，上海浦东新区推出了一款名叫"浦东 e 家园"的 APP 应用。这款应用主要有信息服务、群众监督和问题投诉三大功能。信息服务功能相对独立，指的是通过应用发布浦东新区的城市管理动态和便民信息，方便市民在手机上查看。问题投诉功能是在现有市民投诉热线电话"12345"的基础上，综合使用手机自有功能和网格化城市管理机制，使得市民可以将城市中发现的管理类问题通过该应用以 GPS 定位信息、图像、音频、文字等方式上报，并允许市民对政府的处理结果进行满意度评价。群众监督功能是指市民可以通过"浦东 e 家园"及时查看上报问题处理的状态和满意度信息。该功能可与问题投诉功能相结合，通过市民的共同关注督促有关政府职能部门高效解决相应问题。

"浦东 e 家园"与其他类似的应用软件项目相比,除了可以上报市政管理问题外,还具备提供信息服务的能力。更重要的是,该应用通过问题提报、对处理结果的评价、群众"围观"等方式,建立起市民参与、部门治理、群众监督的多方参与、重点管理、广泛监督的新型城市治理模式。截至 2016 年 9 月 4 日,该应用的注册用户已经达到了 4.6 万余人,上报问题近 3 万件。

17.3.2　城市治理众包注意事项

(1) 采用合适的模式。众包有多种目的,如吸纳集体智慧、吸收众人创意、获取大家的帮助、邀请群众投票、筹集资金等。应根据具体目的,采用合适的模式。

(2) 选择合适的对象。发包之前,应对受众进行深入分析,选择合适的人群进行传播。众包仅仅通过广告轰炸是不能聚拢人气的,应该利用人脉圈、朋友圈等社交网络,扩散影响,并吸引大家的参与。

(3) 设计激励机制。只有科学的激励机制,才能吸引人们为此投入和付出。激励不一定是物质的,要与众包的内容相匹配。

(4) 调控众包发展。不要以为众包是利用市民免费或廉价的劳动力,就可以完全省去政府的成本。众包也需要政府安排专门的人员或机构来引导、管理和激励市民,调控众包的发展进度。

17.4　激励众包参与

提升城市治理能力的关键,不是开展一次或若干次"创文"、"创卫"这样的目标行动或活动,而在于如何让治理决策科学化。一个运转良好的城市治理体系,必然是一个多方参与的互动体系,可以让政府部门、组织机构、市民等多方力量共同参与,以协商、对话的方式达到某种折中一致。当下我国城市治理的短板在于,除了政府外,包括城市市民在内的社会各界力量无法有效参与治理。这一短板的形成,除了城市治理权力过于集中在政府外,还包括参与治理的门槛过高、市民的公民意识发展还有滞后等多种原因。应从多方面着手，激励市民参与。

17.4.1　积极回应市民的需求

一般来说，市民可通过网站、官方微博、官方微信、热线电话、电子邮箱等途径参与城市治理。目前，我国几乎所有城市的官网都有专门的栏目让市民反映意见或者表达诉求。绝大部分城市都有官方微博、官方微信、热线电话、市长信箱。但是，这些渠道大多都没有给市民满意的答复。官方网站、微博、微信常年不更新的城市还有不少，有的城市市长信箱也闲置了。表 17-1 是一封典型的投诉及回应的信件。

表 17-1　市民来信及回复案例

信件内容	回复内容
××××园一区 8 号楼 2 单元 401，未按照国家一户最多一隔断的法律法规要求办事，屋内两个隔断间，每天非常吵，而且垃圾楼道内乱丢，根据房客了解，是归附近一个中介负责，此中介很多房屋都是两个以上隔断的，还请政府处理，还我们一个安静、卫生、守法的小区。	尊敬的市民：您好！您的信件已收悉，×××镇党委、镇政府领导高度重视，立即派人进行调查核实，现将基本情况回复如下：为治理×××地区违法出租问题，镇政府召开了专题会，并在全镇综合安全大会上进行了专项部署，成立了违法出租房屋治理办公室。镇政府在职能部门的配合下将逐步消除×××地区的房屋违法出租问题。特此回复。×××街道办事处

来源：北京市《首都之窗》之今日来信栏目

上表的回应明显得不到写信者的认可，只说"逐步消除"，没说明何时以及如何解决。写信者每日承受着困扰，回复者漠然处之。如果反馈的问题得不到响应，迟迟得不到解决，市民将丧失参与热情和积极性，而政府也将丧失公信力。因此，市民参与的当务之急应该是建立回应机制，明确回应的标准，如回应的责任人、回应周期以及回应内容，并建立考核机制，由市民以及第三方对回应效果进行考核。通过建立一套奖惩机制，使得城市管理者重视并尊重市民参与。

17.4.2 公务员也是重要的众包参与群体

众包参与者不仅仅局限于普通市民,公务员群体也是一个待挖掘的巨大宝藏。传统制度制约了很多公务员才能的发挥。众包是激发其潜力的一种有效方式。纽约在这方面就有很好的成功经验。

纽约市政府于 2011 年搞了一个 NYC Simplicity 项目。该项目就推出了两项众包:一是纽约市节省金钱项目(Save NYC Money),允许公众向运营副市长斯蒂芬·戈德史密斯(Stephen Goldsmith)提交节省成本的想法。二是点子(Idea Market)项目,在该市 15 000 名雇员中进行试点。在 Idea Market,员工针对政府某项工作可以发布想法,也可以评论他人的想法,并为他们最喜欢的人投票。排名靠前的点子,将提交由机构和市长办公室的主题专家审查,最好的将被实施,提出者也会获得奖励。点子市场能使公务员打破一亩三分地的思维定势,和本位主义的拘束,实现跨机构、跨级别的合作,提高城市运行效率。

17.4.3 点燃众包参与热情

中央城市工作会议提出,要创新城市发展方式,特别要求"统筹政府、社会、市民三大主体,提高各方推动城市发展的积极性"。中央针对我国当前城市发展中遇到的新问题、新矛盾,指出了解决问题的方向。如何在该方向上开展创新,并出现成效,就需要城市中的各方主体共同努力,探索出适合自身的发展路径。

一座城市的居民如果只是被动地接受各种公共服务,即便再复杂高端的技术应用,都会使得城市治理水平大打折扣。相反,一些平实的技术应用,让市民真正参与其中,却能真正解决城市的问题。如前文提及的波士顿开发的发现道路坑洼的应用以及芝加哥领养消防栓的应用,其技术都很简单,却能大大提高公共服务质量,降低公共服务成本。应通过精神或者物质奖励,激励市民参与此类城市治理创新项目。公务员群体也同样需要合适的激励机制。例如,NYC Simplicity 项目便通过在众包平台发行虚拟货币,并使虚拟货币与员工工资甚至养老金挂钩,来激励员工进行创新。

信息技术的迅猛发展使得数字鸿沟普遍存在。有的市民没有注意到城市治理的大数据应用；有的注意到了，可能缺乏操作技能。一方面通过各种媒体加大对城市治理相关大数据应用的传播，使市民都有所了解。由于社会福利以及社会保障相对落后，国内市民大多处于解决基本生活需求的阶段，没有精力或者动力关注公共事务。政府应通过公益广告或者新媒体营销的方式，加大传播力度，吸引更多市民的关注。并给予多种方式的激励，使得市民有参与的动力。另一方面，加大对市民的培训，通过走进社区当面教授，或者开展专题讲座，使市民都能熟练操作和应用，提高市民参与的能力。

18 促进产业发展

城市治理水平的提升，需要有创造力的企业家、政府和市民共同驱动。一些智慧城市发展最有力的倡导者是大型 IT 企业（如 IBM、英特尔、思科、微软、西门子等），这也反映了一点：城市管理水平的提高依靠的是市场优先和技术推动。一方面，这些企业不断推出新的理念和愿景，引导城市采用新技术和服务，为其提供应用市场。另一方面，这些企业也寻求优化的管理方法和更加开放的经济模式，从而提高资本积累的效率。

18.1 完善信息基础设施

应用大数据技术，信息基础设施是基础条件，为创新提供支撑，有利于社会、环境、经济、文化发展。信息基础设施有很多类型，大数据时代最关键的设施是网络基础设施及物联网基础设施。

18.1.1 韩国速度之网络基础设施

在全球范围内，网络基础设施最为完善的国家之一就是韩国。根据互联网内容分发网络（Content Delivery Network，CDN）服务提供商 Akamai 2016 年 3 月份发布的一份报告显示，韩国平均网络连接速度达到 26.7Mbps，同比提升 20%，连续 8 个季度稳居全球第一。韩国其 4Mbps、10Mbps、15Mbps 和 25Mbps 宽带使用率分别达到 97%、81%、63% 和 37%，均排名第一。韩国平均移动连接速度达 11.8Mbps，名列亚太地区首位，位居全球第五。韩国不仅网速快，其网络资费与各国相比也不算高。

韩国经济不是全球最发达的，科技也不是全球最领先的，何以能拥有令全球艳羡的网络基础设施和价廉物美的网络服务呢？韩国政府起到了至关重要的作用。首先，韩国政府投入了大量的资金。从 20 世纪末，韩国制定了网络基础设施发展规划，配套了详细的实施规划，并先后投入巨量资金支持网络建设。为了普及宽带，做到"光纤到户"，韩国政府不仅为网络提供商、运营商提供财政补贴和政策扶植，还投入数十亿美元的资金支持光纤主干网的建设。截至2005年，韩国已实现了光纤网络的基本普及，光纤宽带已基本覆盖了每个政府办公室、学校、工厂、家庭等社会单元。经合组织（OECD）的统计数据显示现在韩国的宽带覆盖率已达其总人口的97%，远高于全球大多数国家。

此外，韩国的电信市场竞争非常充分。我国拥有13亿人口，电信运营商主要有移动、联通、电信和广电四家，而韩国人口仅5 000万，电信运营商却有SK电讯、韩国电信公司KT和LG电信三家，可见竞争之激烈。这就要求电信运营商必须以更快的网络速度和更具吸引力的价格来"粘"住用户，也解释了韩国网络资费不高的原因。

可以看出，韩国网络基础设施和服务的高度发达首先来自于政府对信息产业孕育巨大潜力的超前认识，并随之采取的政策规划、引导和投入。另一方面则来自于市场方面的充分竞争。韩国政府和民间的共同努力，使韩国在网络发展方面占据了全球的制高点。

18.1.2　中国网络提速降费

我国目前面临着网速慢、资费高的现实。这一情况不仅市民在日常生活中能够体会到，在2015年4月的一季度经济形势座谈会上，李克强总理也明确表示出了不满。总理表示，现在很多人，到什么地方先问"有没有WiFi"，就是因为我们的流量费太贵了。此外，中国的信息基础设施落后，根据国际电信联盟的评估，我国的网速世界排名在80位以后。加大信息基础设施建设、提高网络带宽，这方面我们的潜力很大，空间也很大。

网络基础设施具有准公共物品的属性，使用过程中具有非竞争性和非排他性，完全市场化会导致失灵。另一方面，由于其并非纯公共物品，垄断也不利于资源有效配置。由于网络基础设施投资规模巨大，而且技术更新换代快，有可能投入尚未回收就已被淘汰，有较大的投资风险。因此，需要政府介入，加快构建高速宽带、天地一体、泛在智能、安全可控的信息基础设施，为我国经济社会发展和城市建设、治理向着以互联互通为基础的数字化、智能化发展提供有力支撑。具体措施包括以下三种：

（1）加大政策扶植和资金投入。政府应从国家层面上建立国家宽带发展战略，规划并引领运营商建设信息基础设施，同时政府应加强对运营商的政策扶持，并投入资金，确保能够具备丰富的宽带资源，杜绝宽带紧缺现象的出现。

（2）加强政府监管。政府在行业发展方面通常起到了调控和监管的作用，在宽带建设方面也是如此。政府需要对宽带市场进行有效监管，杜绝诸如假宽带、假高速的不正当竞争现象。此外，政府也要鼓励移动、联通等处于行业领导地位的大运营商在提高客户服务质量方面起到模范带头作用，制定、建立并执行事实上的宽带行业规范，对级别较低的小运营商起到行业表率和监督的作用。

（3）鼓励市场竞争。网络速率的提升、资费的下降，最终实现的途径还是要通过市场充分竞争的方式进行。正如韩国 5 000 万人口有三家大的电信运营商参与竞争，我国 13 亿人口目前仅有四家大的电信运营商，显然竞争还不够充分。当前，工业和信息化部已经对市场释放了积极信号，允许民间资本进入移动和宽带通信领域，未来，若有了更充分的市场竞争，让总理都不满的资费高的问题有望得到解决。

18.1.3　物联网基础设施安装

应用大数据已经成为当前城市治理的必要条件。城市治理需要加大城区普适计算的范围，各种物联网基础设施（例如固定和无线的通讯网络、数控效用设备和运输设施、传感器和摄像网络、建筑管理系统等）将被植入到城市环境中的建筑、桥梁、道路等建筑之中，并被随时检测。为了减少混淆，下面以传感器来代称所有物联网基础设施。

这些建筑属于不同的所有者，有的属于政府，有的属于企业或个人，而要在上面安装传感器，需要所有者的许可。如果是政府强制安装，其他所有者必须得配合；如果没有强制手段来保障，由企业来安装，即便对这个城市有利，有些所有者由于各种原因，可能不同意安装。此时，就需要政府来进行协调。

此外，这些传感器往往都需要电能来维持其运行。有些城市建筑电网不一定布局到了，还需要与电网公司协调，保障传感器的供电。

总之，信息基础设施的完善不仅仅是政府加大投资就能完成的，还需要一系列的制度和政策的配套。

18.2　大项目引领产业发展

城市对大数据技术需求旺盛，大量信息化工作需要启动。2016 年 2 月，浙江省政府办公厅发布了《浙江省促进大数据发展实施计划》，明确了建设平台、应用体系、支撑体系、推动应用创新、激发创业创新活力、培育产业生态、完善安全保障体系等七个方面的主要任务，在推动大数据技术和产业发展方面有一定的普适意义。城市应设立一些重大的信息化项目，既加速大数据的应用，又引领产业发展。

（1）推动政府数据资源的交互和共享。梳理政府机关、事业单位等多级、多部门公共机构的数据资源，形成信息资源目录体系。在梳理过程中明确数据共享的边界范围和数据共享的方式，例如便民数据以公开明文的方式发布，敏感非涉密的数据以加密的方式发布等。划分清楚各单位在数据管理和数据共享方面的权利和义务，保证单位在拥有数据的同时，能够合理地管理和维护数据，为数据使用单位或市民提供数据访问的服务。通过在所有城市中加强信息资源共享服务，建设统一的政府信息资源共享和交互管理服务系统。

（2）建设并合理利用政府基础信息数据库。首先，在不断完善人口基础信息、法人单位信息、自然资源和空间地理基础信息、宏观经济等国家基础信息数据库建设的基础上，统筹规划基础信息数据库与各部门的专业数据库之间的关系，并将它们合理布局与部署。在数据资源的管理方面，依托电子政务云平台，将数据库资源汇聚起来，进行集中的存储和管理。在数据流动和使用方面，建立跨机构、跨部门的数据采集、校核、比对和清洗系统，有效提升不同数据库数据的一致性和准确性，从而便于推动各领域数据的共享和利用。

（3）建设统一开放的数据公共服务平台。在保障数据和系统安全，保护个人隐私的前提下，从政府到企事业单位逐步扩大数据开放的领域，丰富数据专题内容，并为数据利用提供平台接口。数据开放优先推动民生和保障服务相关领域的政府数据向社会集中开放，这些领域包括金融信用、交通运输、医疗、卫生、就业、人力社保、地理、文化、教育、科技、国土资源、农业、扶贫、环境、安全监管、金融、质量、统计、气象、海洋与渔业、企业登记、档案等。接着推动公用企事业单位和其他公共服务机构分阶段逐步开放公共服务、公共管理相关的数据，这些领域包括水务、电力、燃气、通信、广播电视等。

这些工作都将设立大的工程项目，项目实施过程中将采购大数据技术。应结合当前的云计算、物联网等试点工程，积极开展大数据技术应用，充分发挥示范效应，带动社会其他领域的大数据应用。根据国外应用经验，可以确定一些重点应用领域，例如电子政务、医疗、教育、能源、交通等，以点带面加速大数据技术的应用，并总结示范经验予以推广。

18.3 开展城市应用开发竞赛

应用竞赛是不少国家和城市激励企业淘金政府数据的重要手段之一。例如，美国、澳大利亚、新西兰等都举办了高额奖金的应用程序开发竞赛，竞赛以政府开放的数据为基础，在达到创新目标的同时也起到了推广数据资源的作用。

应用竞赛的首创者是华盛顿市。2008 年 10 月，在市长任期第一年，该市的首席技术执行官维伟卡·孔德劳（Vivek Kundra）组织了应用程序设计竞赛，奖金为 5 万美元。竞赛很成功，据估算投资回报率超过 40 倍，而组织者本人也很快成为美国政府的首席信息官。

尽管对于这种竞赛不乏批评之人，主要指责开发的应用大多不符合市民的实际需求。但相对于有限的投入来说，产出已经令很多城市管理者倍感欣慰。

我国开放数据的应用竞赛并不普及，现有对于数据小规模的运用多为政府主导、公众参与、通过竞赛方式鼓励数据开发。2015 年，上海开放数据创新应用大赛（SODA 大赛）开放部分公共数据，面向全球征集交通大数据应用解决方案。2016 年，SODA 大赛则进一步聚焦城市安全的主题，抛出食品安全、交通安全、金融安全、商圈安全等多个领域的数据，吸引参赛者参赛。自 SODA 大赛以来，地方政府纷纷启动数据竞赛，青岛、广州、贵阳等地纷纷推出了交通等方向的数据大赛。但政府开放数据目的是利用政府数据资源吸引创新创业，数据仅是针对特定群体有条件的开放，不是真正意义上的开放数据。比如，上海 SODA 大赛，仅有入选复赛的 100 支队伍才能获得完整的数据，且不得二次传播。而原本比赛期望达到的推动政府部门数据长效开放的目的，也尚未能落实。对于数据开发成果，各开放数据网络都开设了应用展示频道。其中，展示应用数量最多的是上海，列出 APP 共 78 个，各地平均 APP 数量为 20 个，但这些应用很多是政府自己开发的，社会公众对于开放数据利用的参与程度不高。

我国在数据开放步履维艰的背景下，借智于企业或者开发者，即有可能开发出便民利官的应用，还能在一定程度上倒逼城市数据开放，一箭双雕。因此，应该推广城市治理应用开发竞赛，以此鼓励企业及个人创新，开发出适合本市的应用程序。

18.4　支持服务城市的创业项目

我国拥有全球最大、最复杂的数据池，在政府数据逐步开放的大背景下，数据驱动的个人创业成本降低，推动大众对社会化数据的商业开发和创新应用，有利于"大众创业，万众创新"的形成。大数据创业企业的发展促进社会经济增长，大数据产业成为是促进产业转型升级和提高创新能力的重要动力。

波士顿的新城市动力市长办公室成立于 2010 年，该机构自成立以来，一直致力于开发便携式的数据应用项目。新城市动力市长办公室的第一个项目名为"市民连线"，该项目实际是数字热线式的手机应用，鼓励市民通过该应用上报自己发现的城市垃圾或涂鸦所在的地点，还可以投诉服务问题。接着，新城市动力市长办公室又推出了"城市工人"项目。市政府的工作人员可利用该项目管理、查询并向上级汇报每日的工作任务进展情况，同时允许市民"围观"。新城市动力市长办公室还支持了移动智能设备支付违规停车罚单、路面坑洼报告、停车智能收费等项目。通过这一系列项目的实施，鼓励市民积极参与到名为"联动城市"的城市治理行动中来。

这些项目获得了很好的应用效果，以"城市工人"项目为例，有人通过"市民连线"报告了波士顿南区有一堆废纸和塑料袋的垃圾。垃圾清理后，波士顿公务员约翰·绍尔默（John Schallmo）用他的安卓手机拍下一张整洁的人行道照片，发送给这位反映情况的市民，表明问题已经获得解决请其放心，并表示感谢问题举报人对城市美化做出的贡献。约翰·绍尔默拍下的人行道照片也会整合入记录政府公务人员行动、路面坑洼报告和其他问题的行政地图。

新城市动力市长办公室每年从政府获得 30 万美元的资助，利用这笔资金，该办公室资助一些创业团队，取得了很好的效果。前文提及的"认领消防栓"便是通过资助 5 万美元运营起来的。

我国的城市也有大量资助创新创业的资金，可以借鉴该办公室的运作机制，支持企业研发针对城市治理大数据应用相关项目，通过财政资金加大研发支持力度。此外，可以补贴企业运营，对于本地化初创企业正在运营的有利于城市治理的系统或者应用，对其正的外部性进行评估，给予后补贴，鼓励其发展。

参考文献

白云. 2010. 个人信用信息开放与隐私权保护的冲突——一个法律经济学的视角 [J].
　北方法学, 04（5）：105-112.

鲍亮. 2013. 网络个人信息法律保护研究 [D]. 复旦大学.

北京市市政市容管理委员会加快垃圾焚烧设施建设破解垃圾困局 [N]. 北京日报,
　2014-10-29.

薄海. 2015. 商业补充医疗保险逆向选择问题研究 [D]. 浙江大学.

蔡若佳, 易钢, 李坚. 2015. "智慧城管"初探：大数据时代的城市管理创新 [J]. 学
　理论, （13）：28-29.

陈立. 2015. "云物大智"与政府治理模式探索 [J]. 人民论坛·学术前沿, （2）：
　22-35.

陈美. 2012. 大数据在公共交通中的应用 [J]. 图书与情报, （6）：22-28.

迟毅洁. 2014. 浅论"刑罚世轻世重"政策与严打 [J]. 法制与社会, 22.

仇晓光, 杨硕. 2016. 政府和社会资本合作（PPP）中风险转移的法律实现研究 [J].
　西南民族大学学报（人文社科版）, 08：87-94.

崔鹏. 接力苹果 微软再诉司法部 美信息保护战升级 或促国会有所作为 [N]. 信息安
　全与通信保密, 2016-05-10.

戴激涛. 2013. 论信息技术时代的公民隐私权保护——从《居民身份证法》的修改说起
　[J]. 河南社会科学, 21（1）：30-32.

邓颖平. 法国摄像头"泛滥"危及隐私权 [N]. 检察日报, 2007-07-11.

丁佳. 2016. 城市化进程中居民医保制度的建设和完善 [D]. 河北师范大学.

丁丽萍. 2015. 大数据环境下的隐私保护技术 [EB/OL]. 中国网信网. http：//
　www. cac. gov. cn/2015-06/01/c_ 1115473995. htm.

丁学君, 梁昌勇. 2016. 基于传染病动力学的博客舆情话题传播模型研究 [J]. 信息系
　统学报, （1）：63-76.

董银峰, 刘忠于, 王好锋, 等. 2015. 大数据在疾病预防控制中的重要性 [J]. 实用医
　药杂志, （7）：579-581.

方永剑，方青，朱敏 . 2008. 城市治理与社会工作人才开发——以合肥市为例［J］. 中
　共合肥市委党校学报，（4）：27-30.

冯登国，张敏，李昊 . 2014. 大数据安全与隐私保护［J］. 计算机学报，01：246-258.

高丰 . 2015. 开放数据：概念、现状与机遇［J］. 大数据，1（2）：9-18.

高学东 . 2015. 网络信息安全面临的困境及其破解［J］. 国家治理，（Z1）：87-92.

顾秋凡 . 2014. 大数据的财富与陷阱［J］. 自然与科技，01.

郭文波，韩祺 . 2016. 网络化众包发展面临的问题及对策［J］. 宏观经济管理，01：
　76-78.

郭先 . 实现"城市管理"向"城市治理"伟大跨越［N］. 青岛日报，2014-03-16.

郭先登 . 2014. 在建设成熟型经济中心城市中构建大国区域经济发展空间新格局［J］.
　经济与管理评论，（2）：130-137.

郭瑜敏，李定主 . 2004. 计费系统的容灾解决方案［J］. 科技情报开发与经济，14
　（7）：206-207.

韩国宽带网速为何能达到我们的 6.5 倍？［N］. 南方都市报，2015-04-22. http：//
　i. ifeng. com/tech/digi/news？ ch ＝ rj ＿ bd ＿ me&vt ＝ 5&aid ＝ 98096293&mid ＝
　1474451299297＿ fplmxk9576&all ＝1&p ＝2

韩涵，王景尧 . 智慧城市信息开放共享激发巨大的社会经济潜能［N］. 世界电信，
　2014-10-15.

韩志强，杨芳 . 2016. 院士助力的"大数据时代"健康产业新模式［J］. 科技创新与品
　牌，（8）：21-23.

胡德维 . 大数据"革命"教育［N］. 光明日报 . 2013-10-19.

胡乐乐 . 2013. 挖掘教育数据"潜能"的世界行动［J］. 上海教育，（19）：22-23.

胡世雄，邢慧娴，邓志红 . 2007. 我国传染病的预测预警现状［J］. 中华预防医学杂志，
　41（5）：407-410.

胡志风 . 2016. 大数据在职务犯罪侦查模式转型中的应用［J］. 国家检察官学院学报，
　24（4）：144-153.

金元浦 . 2016. 数客：大数据时代文化创意经济的先行官［J］. 福建论坛（人文社会
　科学版），（02）.

李德仁，姚远，邵振峰 . 2014. 智慧城市中的大数据［J］. 武汉大学学报（信息科学
　版），（6）；631-640.

李国杰，程学旗 . 2012. 大数据研究：未来科技及经济社会发展的重大战略领域——大
　数据的研究现状与科学思考［J］. 中国科学院院刊，06：647-657.

李瑾．王金城．2015．科技引领服务实战强力推进大数据警务云计算全警建设应用 ［J］．警察技术，（3）：21-24．

李克强敦促"提网速" "降网费" ［N/OL］．中央政府门户网站，2015-04-15．http：//www.gov.cn/xinwen/2015-04/15/content_ 2846616．htm

李沛珂．整治市容市貌需全民参与 ［N］．兰州日报，2016-08-10．

李睿．大数据时代的隐私权保护——以信息抓取为视角 ［N］．财经政法资讯．2015-05-30．

李文姝，张明．2016．基于云计算和众包模式的小城镇智慧规划管理技术探索 ［J］．科技管理研究，20：206-210．

李岩．2012．试论保护信用信息主体权益征信立法 ［J］．辽宁经济职业技术学院·辽宁经济管理干部学院学报，（5）：22-23．

李苑．全球政府开放数据运动方兴未艾 ［N］．中国电子报，2014-02-25．

李争．2015．IBM（中国）P 系列产品营销策略研究 ［D］．大连理工大学．

刘佳丽，谢地．2016．PPP 背景下我国城市公用事业市场化与政府监管面临的新课题 ［J］．经济学家，09：42-49．

刘杰．2015．大数据时代政府信息的公开与创新应用 ［J］．探求，（5）：53-60．

刘琼．2013．大数据时代的美国经验与启示 ［J］．人民论坛，（15）．< http：//chuan-song．me/n/367481>．

刘文华，阮值华．2009．众包：让消费者参与创新 ［J］．企业管理，07．

刘雅辉，张铁赢，靳小龙，等．2015．大数据时代的个人隐私保护 ［J］．计算机研究与发展，52（1）：229-247．

刘志学．国务院要求城乡居民医保政策做到"六统一" ［D］．中国医药导报，2016-01-25．

刘治彦．2014．大城市交通拥堵的缓解策略 ［J］．城市问题，12：86-92．

刘治彦．2011．城市"治堵"国际经验借鉴 ［J］．人民论坛．（1）：57-59．

刘智慧，张泉灵．2014．大数据技术研究综述 ［J］．浙江大学学报（工学版），06：957-972．

龙小农．"全视之眼"时代数字化隐私的界定与保护 ［N］．新闻记者，2014-08-05．

栾海桥，吴俊，高文．2016．PPP 模式的内在机制及其对地方公益性国有企业的影响分析 ［J］．现代管理科学，10：58-60．

马粤颖．2010．浅谈个人信息的法律保护 ［J］．广东技术师范学院学报，31（4）：61-63．

迈克尔·巴蒂，赵怡婷，龙瀛.2014.未来的智慧城市［J］.国际城市规划，（6）：12-30.

茅明睿.2014.大数据在城市规划中的应用：来自北京市城市规划设计研究院的思考与实践［J］.国际城市规划，（6）：51-57.

孟晓明，张军，谢少群.2012.个人隐私信息安全现状调查与分析［J］.图书情报工作，21：72-76.

莫争春.2014.城市如何拥抱大数据时代［J］.中国房地产业，（12）：26-27.

倪慧荟，姚晓晖.2014.人群聚集风险预警系统构建研究——以西单商业区为例［J］.科技促进发展，（4）：110-115.

倪丽.2008.网络隐私权保护法律问题研究［D］.南京师范大学.

潘艺.垃圾围困 城市告急［N］.中国环境报，2013-07-25.

彭璇.2016.浅谈大数据时代用户信息安全法律保护——以南宁地区为例［J］.法制博览，19.

澎湃研究所.市政厅｜城市可能不必为"智慧"花太多钱［OL］.2014-11-25，<http：//www.thepaper.cn/www/resource/jsp/newsDetail_ forward_ 1280895>.

皮兰，刘峰，林东岱.2015.大数据时代的隐私保护初探［J］.中国信息安全，（9）：90-95.

齐荣.2015.用户隐私研究综述［J］.软件，36（1）：125-130.

秦虹.电力企业向数据驱动型转变［N］.中国电力报，2015-11-12.

青峥.2008.国外隐私权保护纵览［J］.观察与思考，（18）：26-29.

邵丹娜，刘学敏.2014."致堵"与"治堵"——城市交通治堵研究述评［J］.城市发展研究，（12）：5-8.

申延波.2015.医疗保险管理的大数据战略［J］.中外企业家，（23）：13-15.

沈梦溪.2016.国际基础设施PPP项目失败原因探析［J］.国际经济合作，10：66-70.

施昌奎，赵长山，姚娉.2014.北京城市精细化管理的标准化路径探索［J］.城市管理与科技，02：20-23.

施昌奎.2016.北京要用"标准治市"理念提升城市精细化管理水平［J］.城市管理与科技，01：15-17.

施昌奎.2014.环境的精细化管理是留住"乡愁"发展绿色经济的关键［J］.城市管理与科技，01：51.

石柏林.2010.我国行业协会权力研究［D］.湖南大学.

史唯平.瞅瞅荷兰红绿灯［N］.当代工人，2013-07-15.

宋刚，张楠，朱慧 . 2014. 城市管理复杂性与基于大数据的应对策略研究［J］. 城市发展研究，（8）：95-102.

宋力 . 2016. 考虑多源数据集的交通状态估计方法研究［D］. 北京理工大学硕士论文.

宋魏巍，李欣媚 . 2016. 政府网站建设 PPP 模式研究［J］. 电子政务，11：108-114.

苏华 . 2016. PPP 模式的反垄断问题与竞争中立——基于美国路桥基础设施建设项目的分析［J］. 国际经济合作，09：76-83.

唐皇凤 . 2007. 常态社会与运动式治理——中国社会治安治理中的"严打"政策研究［J］. 开放时代，03.

王春晖 . 2016. 互联网治理四项原则基于国际法理应成全球准则——"领网权"是国家主权在网络空间的继承与延伸［J］. 南京邮电大学学报（自然科学版），36（1）：8-15.

王大鹏 . 2007. "专项整治"常规化反思［J］. 南风窗，18. < http：//www. nfcmag. com/article/232. html>.

王国华，骆毅 . 2015. 论"互联网+"下的社会治理转型［J］. 人民论坛·学术前沿，（10）：39-51.

王虹 . 2015. 大变革下的创新与融合——感知"互联网+汽车+交通"高峰论坛［J］. 中国交通信息化，（9）：18-24.

王可鉴，石乐明，贺林，等 . 2014. 中国药物研发的新机遇：基于医疗大数据的系统性药物重定位 . 科学通报，59（18）：1790-1796.

王萌 . 数字之城：全球五个城市大数据创新应用案例［OL］. 2013-10-08. http：//www. ctocio. com/ccnews/13654. html.

王清文 . 2014. 加快垃圾焚烧设施建设，破解城市垃圾困局［J］. 城市管理与科技，（6）：16-17.

王晓明，岳峰 . 2014. 发达国家推行大数据战略的经验及启示［J］. 产业经济评论，（04）：94-98.

王晓明 . 2014. 发达国家将"大数据"推上产业化［J］. 中国战略新兴产业，（12）.

王晓明 . 2014. 发达国家推行大数据的战略经验［DB/OL］. 中国经济时报-中国经济新闻网，< http：//lib. cet. com. cn/paper/szb_ con/176532. html>.

王心禾 . 大数据技术在解决民生问题中的应用［N］. 检察日报，2016-01-27.

王秀哲 . 2005. 我国隐私权保护应该入宪［J］. 江苏警官学院学报，（4）：90-97.

王雪涛 . 2016. 大数据在城市管理中的应用研究——以城市交通系统为例［J］. 黑河学院学报，7（3）：52-54.

王也扬．2011．治堵的根本还是发展问题［J］．人民论坛，（1）：60-61．

王振营．国外有关征信法律介绍［N］．金融时报，2003-09-26．

王志彦．浦东市民参与社会共治有"神器"［N］．解放日报，2016-08-05．

王忠，安智慧．2016．国外城市管理大数据应用典型案例及启示［J］．现代情报，09：168-172．

王忠，殷建立．2014．大数据环境下个人数据隐私泄露溯源机制设计［J］．中国流通经济，（8）：117-121．

王忠，殷建立．2014．大数据环境下个人数据隐私治理机制研究——基于利益相关者视角［J］．技术经济与管理研究，08：71-74．

王忠，赵惠．2014．移动智能语音产业链治理策略研究［J］．科技管理研究，18．

王忠，赵惠．2014．大数据时代个人数据的隐私顾虑研究——基于调研数据的分析［J］．情报理论与实践，37（11）：26-29．

王忠．2015．大数据时代个人数据交易许可机制研究［J］．理论月刊，06：131-135．

王忠．2016．大数据时代个人数据隐私泄露举报机制研究［J］．情报杂志，03：165-169．

王忠．2014．大数据时代个人数据隐私规制［M］．北京：社会科学文献出版社．

王忠．个人数据资源开发的问题与对策［N］．学习时报，20141110．

王忠．2012．美国推动大数据技术发展的战略价值及启示［J］．中国发展观察，（6）．44-45．

王忠．2013．美国网络隐私保护框架的启示［J］．中国科学基金．27（2）：99-101．

王周明，高红．2016．基于政府数据开放的我国行政法治刍议［J］．行政与法，（3）：27-31．

微口网．全球16个智慧城市大数据应用案例扫描［DB/OL］（http：//www.vccoo.com）-2015．

魏文茜．2012．社会政策的非预期效果研究——以北京市机动车管制政策为例［D］．北京工业大学．

吴亮．2011．物联网技术服务采纳与个人隐私信息影响研究［D］．电子科技大学．

吴斯丹．2014．大数据时代下的城市节能战略［J］．软件工程师，（12）：64-64．

吴同，孙忆茹．2016．2015信息安全事件盘点［J］．保密工作，（1）．13-15

吴学忠．电力行业如何应用大数据［N］．人民邮电．2013-07-01．

武彦民，岳凯．2016．我国PPP项目税收支持政策：现状与完善［J］．税务研究，09：25-29．

向阳 . 2016. 大数据，政府要用好"开放"的双刃剑 . 通信产业报 .

项炜华 . 2010. 我国电子政务发展现状及对策分析［D］. 东北师范大学 .

谢立，杨旭辉，王婧，等 . 2014. 基于非处方药销售的流感样病例残差预警研究［J］. 中国预防医学杂志，15（8）：724-728.

谢然 . 大数据社会的具体场景［N］. 互联网周刊，2014-11-20.

辛妍 . 2014. 大数据与智慧城市［J］. 新经济导刊，（10）：62-68.

邢蓓蓓，杨现民，李勤生 . 2016. 教育大数据的来源与采集技术［J］. 现代教育技术，26（8）：14-21.

徐恒 . 预防踩踏 大数据或可发挥"正能量"［N］. 中国电子报，2015-01-13.

许航，何颖，张巍，等 . 鞍山市 2007—2008 年呼吸道症状样本实验室检测［J］. 中国卫生检验，2011-07-10.

许娓玮 . 宁波：城市交通从"智能化"走向"智慧化"［N］. 中国信息化周报，2013-09-16.

闫城榛 . 聚焦媒体"隐形战线"［N］. 中国传媒科技，2014-06-08.

杨楠，黄镜宇，高丽芳 . 2014. 大数据时代对电力行业的影响和发展前景［C］∥ 电力行业信息化优秀论文集——2014 年全国电力行业两化融合推进会暨全国电力企业信息化大会获奖论文 .

杨维中，兰亚佳，李中杰 . 2014. 传染病预警研究回顾与展望［J］. 中国预防医学杂志，48（4）：244-247.

杨现民，田雪松，孙众，等 . 中国基础教育大数据发展蓝皮书（2015）［R］. 北京师范大学"移动学习"教育部——中移动联合实验室，中国教育技术协会，江苏省教育信息化工程技术研究中心 .

杨现民，王榴卉，唐斯斯 . 2015. 教育大数据的应用模式与政策建议［J］. 电化教育研究，（9）：54-61，69.

杨宇 . 2015. 刑事电子证据可采性规则研究［D］. 郑州大学 .

杨再高，罗谷松 . 2014. 借鉴美国经验，促进广州大数据产业发展［J］. 城市观察，（04）.

姚朝兵 . 2013. 个人信用信息隐私保护的制度构建——欧盟及美国立法对我国的启示［J］. 情报理论与实践 . （03）：20-24.

佚名 . 第四章 全球信息技术发展环顾及在电力行业的应用展望［C］∥ 电力行业信息化年度发展报告 2014.

佚名 . 看大数据如何应用于环境管理［N］. 中国环境报，2015-08-10.

殷建立，王忠．2016．大数据环境下个人数据溯源管理体系研究［J］．情报科学，02：139-143．

喻睿之．隐私权保护研究现状［N］．现代商贸工业，2010-12-01．

袁振龙．2015．城市治理面临的问题及破解对策［J］．国家治理，（15）：35-41．

袁中美．2016．养老基金投资 PPP 基础设施项目的国际比较及启示［J］．当代经济管理，09：77-83．

詹光军．2016．基于浮动车数据的出租车与北京西站接驳规律与组织方法研究［D］．北京交通大学．

张涵，王忠．2015．国外政府开放数据的比较研究［J］．情报杂志，08：142-146+151．

张凯．2015．城市多方式交通出行的社会外部性分析及优化［D］．北京交通大学．

张润君．2016．PPP 推进国家治理现代化的多元维度［J］．西北师大学报（社会科学版），06：22-26．

张卫娜，乔涛涛．2014．慕课对我国高等教育的影响与启示［J］．青年文学家，（8）：201-201．

张毅．城市治理不能光靠"市长"［N］．人民日报，2016-05-23（05）．

赵大航．电子政务：管理创新与技术发展融合［N］．中国信息化周报，2013-12-30．

赵芳芳，刘晓宁．从一起网络"人肉搜索"事件看隐私权保护［N］．检察日报，2008-06-14．

赵惠，王忠．2016．大数据时代个人隐私内容及其保护研究——基于调查数据的分析［J］．情报理论与实践，08：28-31+17．

赵鹏军，李铠．2014．大数据方法对于缓解城市交通拥堵的作用的理论分析［J］．现代城市研究，（10）：25-30．

赵喜仓，朱宾欣，马志强．2016．大数据背景下网络众包驱动科技创新的机理及路径研究［J］．科技进步与对策，12：23-28．

浙江省政府办公厅．浙江省人民政府关于印发浙江省促进大数据发展实施计划的通知［OL］．浙政发〔2016〕6号，2016-02-23，http：//www.zhejiang.gov.cn/art/2016/3/1/art_12460_263726.html．

郑传军，徐芬，成虎．2016．公私合作伙伴关系（PPP）的文献计量与可视化分析［J］．科技进步与对策，16：61-66．

佚名．2015．中央城市工作会议在京召开 为城市建设确定顶层设计［J］．中国建设信息化，（24）：2-2．

周大铭 . 2015. 我国政府数据开放现状和保障机制 ［J］. 大数据，1（2）：19-30.

周素红 . 2015. 规划管理必须应对众包、众筹、众创的共享理念 ［J］. 城市规划，12：96-97.

朱晓俊 . 2012. 论技术侦察的深入法治化 ［D］. 复旦大学.

祝丙华，王立贵，孙岩松，等 . 2016. 基于大数据传染病监测预警研究进展 . 中国公共卫生，32（9）：1276-1279.

邹彩霞 . 2014. 异地教育开放对高等教育资源分配的影响 ［J］. 中国成人教育，（12）：26-30.

城田真琴 . 2012. ビッグデータの衝撃：巨大なデータが戦略を決める . 東洋経済新報社.

2015（第十四届）中国互联网大会成功召开 ［J］. 互联网天地，2015，08：89-90.

36 氪研究院 . 全景数据浪潮，智能医疗曙光 医疗大数据行业研究报告 . 2016，7.

骆锴 . 2016. 公安大数据：高效融合创造新价值 ［J］. 软件和集成电路，（8）：64-65.

Agrawal D，Bernstein P，Bertino E，et al. 2012. Challenges and Opportunities with Big Data- A community white paper developed by leading researchers across the United States ［R/OL］.

Al-Kodmany K，Betancur J，Vidyarthi S. 2004. E-Civic Engagement and the Youth ［J］. 2014，1（3）：87-104. Alam B M. Fundamentals of intelligent transportation systems planning ［J］. Journal of Planning Education and Research，24（2）：225-226.

Annino J M. ，Cromley R. 2005. Intelligent transportation systems and travel behavior in Connecticut ［J］. Professional Geographer，57（1）：106-114.

Berntzen L，Trollvik J. A. 2007. Digital planning dialog ［C］. Proceedings，3rd international conference on E-Government，Academic Conferences，61-68.

Cottica A，Bianchi T. 2010. Harnessing the unexpected：a public administration interacts with creatives on the web ［J］. Etudasportal. gov. hu.

Bryson J M，Quick K S，Slotterback C S，et al. 2013. Designing Public Participation Processes ［J］. Public Administration Review，73（1）：23-34.

Carter D. 2013. Urban Regeneration，Digital Development Strategies and the Knowledge Economy：Manchester Case Study ［J］. Journal of the Knowledge Economy，4（2）：169-189.

Charalabidis Y，Loukis E N，Androutsopoulou A，et al. 2014. Passive crowdsourcing in government using social media ［J］. Transforming Government：People，Process and Policy，8（2）：283-308.

Charalabidis Y, Loukis E. 2012. Transforming government agencies' approach to eparticipation through efficient exploitation of social media. [C] // European Conference on Information Systems, Ecis 2011, Helsinki, Finland, June. DBLP, 2011.

Chourabi H, Nam T, Walker S. , et al. Understanding smart city initiatives: An integrative and comprehensive theoretical framework [C] . In Proceedings of the 45th Hawaii International Conference on System Sciences, 2289-2297.

Coe A, Paquet G, Roy J. 2000. E-Governance and Smart Communities A Social Learning Challenge [J] . Social Science Computer Review, 19 (1): 80-93.

Cranshaw J. 2012. The Livehoods Project: Utilizing Social Media to Understand the Dynamics of a City [J] . Social Science Electronic Publishing.

Criado J I, Sandoval-Almazan R, Gil-Garcia J R. 2013. Government innovation through social media [J] . Government Information Quarterly, 30 (4): 319-326.

Mulligan, Dwork C, Deirdre K. 2013. It's Not Privacy, and It's Not Fair [J] . Stanford Law Review Online, 66.

Dameri R P, Cocchia A. 2013. Smart city and digital city: Twenty years of terminology evolution [C] //X Conference of the Italian Chapter of AIS, ITAIS. 1-8.

Debnath Ashim Kumar, Chin Hoong Chor, Haque Md Mazharul. 2014. A methodological framework for benchmarking smart transport cities [J] . Cities. 37: 47-56.

Ding D, Lawson K D, Kolbe-Alexander T L, et al. 2016. The economic burden of physical inactivity: a global analysis of major non - communicable diseases. [J] . Lancet, 388 (10051): 1311-1324.

Dolson J, Young R. 2012. Explaining variation in the e-Government features of municipal websites: An analysis of e-Content, e-Participation, and social media features in Canadian municipal websites [J] . Canadian Journal of Urban Research, 21 (2): 1-24.

Effing R, Hillegersberg J V, Huibers T. 2011. Social Media and Political Participation: Are Facebook, Twitter and YouTube Democratizing Our Political Systems? [M] // Electronic Participation. Springer Berlin Heidelberg, 25-35.

Euripidis Loukis, Maria Wimmer. 2012. A Multi - Method Evaluation of Different Models of Structured Electronic Consultation on Government Policies [J] . Information Systems Management, 29 (4): 284-294.

Executive Office of the President, Executive Office of the President. Big Data and Privacy: A Technological Perspective [R] . 2014. 05.

204

Executive Office of the President. Big data: Seizing opportunities, preserving values [R] . 2014. 05.

Gantz J, Reinsel D. 2007. Extracting value from chaos [J] . IDC iview, 2011, 1142 (2011): 1-12. Geldermann J, Ludwig J. Some thoughts on weighting in participatory decision making and e-democracy [J] . International Journal of Technology, Policy and Management, 7 (2): 178-189.

Giffinger R, Fertner C, Kramar H, et al. 2007. Smart cities-Ranking of European medium-sized cities [J] .

Gray M, Caul M. 2000. Declining Voter Turnout in Advanced Industrial Democracies, 1950 to 1997 The Effects of Declining Group Mobilization [J] . Comparative Political Studies, 33 (9): 1091-1122.

Grobelink M. 2012. Big-data computing: Creating revolutionary breakthroughs in commerce, science and society [N/OL] .

Held D. 2006. Models of democracy [M] . Polity.

Heo M, Toomey N. 2016. Supporting sustained willingness to share knowledge with visual feed-back [J] . Computers in Human Behavior, 54: 388-396.

Hopkins B, Evelson B. 2011. Expand your digital horizon with Big Data [R] . Forrester, September 30.

Hudson-Smith A, Evans S, Batty M. 2005. Building the virtual city: Public participation through e-democracy [J] . Knowledge, Technology & Policy, 18 (1): 62-85.

H. Jeff Smith, Tamara Dinev, Heng Xu. 2011. Information Privacy Research: An Interdisciplinary Review [J] . MIS Quarterly, 35 (4): 989-1015.

IMS Institate for Healthcare Informatics. 2015. Global Medilines Use in 2020: Outlook and lmplications [R] . November.

IMS Institute for Healthcare Informatics. 2014. 大数据分析对于中国医疗保险管理的价值 [R].

Jaeger P T, Bertot J C. 2010. Designing, Implementing, and Evaluating User-centered and Citizen-centered E-government [J] . International Journal of Electronic Government Research, 6 (2): 1-17.

Kuenzi J J. 2014. The Education Sciences Reform Act [C] // Congressional Research Service Reports. Library of Congress. Congressional Research Service.

Johannessen M. 2014. Genres of participation in social networking systems: a study of the 2009

Norwegian parliamentary election [C] // Ifip Wg 8. 5 International Conference on Electronic Participation. Springer-Verlag, 104-114.

Johannessen M R. 2012. Genres of communication in activist eParticipation: a comparison of new and old media [C] // International Conference on Theory and Practice of Electronic Governance, 48-57.

Johannessen M R, Flak L S, Øystein Sæbø. 2012. Choosing the Right Medium for Municipal eParticipation Based on Stakeholder Expectations [J]. Lecture Notes in Computer Science, 7444: 25-36.

Kanninen B J. 1996. Intelligent transportation systems: An economic and environmental policy assessment [J]. Transportation Research Part a-Policy and Practice, 30 (1): 1-10.

Kim J. 2008. A model and case for supporting participatory public decision making in e-democracy [J]. Group Decision and Negotiation, 17 (3), 179-193.

Kitchin Rob. 2014. The real-time city? Big data and smart urbanism [J]. GeoJournal, 79 (1): 1-14.

Kolsaker A, Lee-Kelley L. 2008. Citizens' attitudes towards e-government and e-governance: a UK study [J]. International Journal of Public Sector Management, 21 (7): 723-738.

Komninos N, Tsarchopoulos P. 2013. Toward intelligent Thessaloniki: From an agglomeration of apps to smart districts [J]. Journal of the Knowledge Economy, 4 (2): 149-168.

Komninos N, Schaffers H, Pallot M. 2011. Developing a Policy Roadmap for Smart Cities and the Future Internet [C] // Echallenges E.

Ladner A, Pianzola J. 2010. Do Voting Advice Applications Have an Effect on Electoral Participation and Voter Turnout? Evidence from the 2007 Swiss Federal Elections [M] // Electronic Participation. Springer Berlin Heidelberg, 211-224.

Sweeney L. 2013. Discrimination in online ad delivery [J]. Queue, 56 (5): 44-54.

Linders D. 2012. From e-government to we-government: Defining a typology for citizen coproduction in the age of social media [J]. Government Information Quarterly, 29 (4): 446-454.

Loukis E, Xenakis A, Peters R, et al. 2010. Using Gis tools to support e_ participation-a systematic evaluation [C] // Ifip Wg 8. 5 International Conference on Electronic Participation. Springer-Verlag, 197-210.

Rui P L, Costa J P. 2006. Discursive e-Democracy Support [C] // Hawaii International Conference on System Sciences. IEEE Computer Society, 65. 3.

Rui P L, Costa J P. 2007. Incorporating citizens' views in local policy decision making processes [J]. Decision Support Systems, 43 (4): 1499-1511.

Lutz, M. 2009. The social pulpit: Barack Obama's social media toolkit. Chicago: Edelman.

L. PROSSER W. Privacy [J] . California Law Review. 1960, 48: 383-423.

Marsal-Llacuna Maria-Lluisa, Melendez-Frigola Joaquim. 2015. Lessons in urban monitoring taken from sustainable and livable cities to better address the Smart Cities initiative [J]. Technological Forecasting and Social Change, 90: 611-622.

McKinsey Global Institute. Big data: The next frontier for innovation, competition, and productivity [R] . June 2011.

Medaglia R. 2012. E-participation research: Moving characterization forward (2006—2011). Government Information Quarterly [J] . 29 (3): 346-360.

Kranzberg M. 1986. Technology and History: "Kranzberg's Laws" [J] . Technology & Culture, 27 (3): 544-560.

Mergel I, Desouza K C. 2013. Implementing Open Innovation in the Public Sector: The Case of Challenge. gov [J] . Public Administration Review, 73 (6): 882-890.

Meyer Gerben G. , Buijs Paul, Szirbik Nick B. 2014. Intelligent products for enhancing the utilization of tracking technology in transportation [J] . International Journal of Operations & Production Management, 34 (4): 422-446.

Michael Batty. 2013. Big data, smart cities and city planning [J] . Dialogues in Human Geography, 3 (3): 274-279.

Mykhalovskiy E, Weir L. 2006. The Global Public Health Intelligence Network and early warning outbreak detection: a Canadian contribution to global public health [J] . Canadian journal of public health = Revue canadienne de sante´ publique, 97 (1): 42.

Nam T. 2012. Suggesting frameworks of citizen-sourcing via Government 2. 0 [J]. Government Information Quarterly, 29 (1): 12-20.

Norris, P. 2001. A virtuous circle: Political communications in postindustrial societies [J]. Journalism & Mass Communication Quarterly, 78 (3): 552-555.

OECD . Health at a Glance 2015: OECD Indicators [R] . OECD Publishing, Paris, 2015. http: //dx. doi. org/10. 1787/health_ glance-2015-en ISBN 978-92-64-24351-4 (PDF).

OECD. Better regulations for Europe: Finland 2010 [R] . http: //www. oecd. org/gov/regulatory-policy/45090005. pdf.

Paaswell R E. 2001. Intelligent Transportation Systems: Creating operational, institutional, and labor force changes in the United States [J] . Journal of Urban Technology, 8 (2): 61–73.

Panopoulou E, Tambouris E, Tarabanis K. 2010. eParticipation Initiatives in Europe: Learning from Practitioners [M] // Electronic Participation. Springer Berlin Heidelberg, 54–65.

Park J, Cho K. 2009. Declining Relational Trust between Government and Publics, and Potential Prospects of Social Media in the Government Public Relations [C] // European Government of Public Administration.

Pedersen Darhl M. 1999. Model for types of privacy by privacy functions [J] . Journal of environmental psychology, 19 (4): 397–405.

Phang C W, Kankanhalli A. 2008. A framework of ICT exploitation for e – participation initiatives [J]. Communications of the Acm, 51 (12): 128–132.

Portney K E, Berry J M . 2010. Participation and the pursuit of sustainability in U. S. Cities [J]. Urban Affairs Review, 45 (3): 119–139.

Porwol L, O'Donoghue P, Breslin J, et al. 2012. eParticipation and transport management: a practical approach [C] // International Conference on Digital Government Research. ACM, 278–279.

Putnam R D. 2000. Bowling alone: the collapse and revival of American community [C] // ACM Conference on Computer Supported Cooperative Work. DBLP, 357.

Ramilli M, Prandini M. 2010. An Integrated Application of Security Testing Methodologies to e –voting Systems [M] // Electronic Participation. Springer Berlin Heidelberg, 225–236.

Wynkoop M A. 2007. The Art of Protest: Culture and Activism from the Civil Rights Movement to the Streets of Seattle, by T. V. Reed [J] . Contemporary Sociology, 86 (1): 109–112.

Rose J, ystein. 2010. Designing Deliberation Systems [J] . The Information Society, 26 (3): 228–240.

Rosen J. 2001. The Unwanted Gaze: The Destruction of Privacy in America [J] . Journalism & Mass Communication Quarterly, 78 (1).

Schadt Eric E. 2012. The changing privacy landscape in the era of big data [J] . Molecular systems biology, 8 (1): 11–23.

Schaffers H, Komninos N, Pallot M, et al. 2014. Smart Cities and the Future Internet: Towards Cooperation Frameworks for Open Innovation [M] // The Future Internet. Springer Berlin Heidelberg.

208

Tayyaran M R. , Khan A M. 2003. The effects of telecommuting and intelligent transportation systems on urban development [J] . Journal of Urban Technology, 10 (2): 87-100.

Ten Principles for Opening Up Government Information [EB/OL] . http: //sunlightfoundation. com/policy/documents/ten-open-data-principles/.

The Networking and Information Technology Research and Development Program. The Federal Big Data Research and Development Strategic Plan [R] . 2016. 05.

Ubaldi B. 2013. Open Government Data: Towards Empirical Analysis of Open Government Data Initiatives [J] . Oecd Working Papers on Public Governance, 27 (3): 11-15.

Vianna M. M. B. , Portugal L. D. S. , Balassiano R. 2004. Intelligent transportation systems and parking management: implementation potential in a Brazilian city [J] . Cities, 21 (2): 137-148.

Walravens Nils. 2015. Mobile city applications for Brussels citizens: Smart City trends, challenges and a reality check [J] . Telematics and Informatics, 32 (2): 282-299.

Warren Samuel D, Brandeis Louis D. 1980. The right to privacy [J] . Harvard law review, 193-220.

Wilson K, Brownstein J S. 2009. Early detection of disease outbreaks using the internet [J]. Canadian Medical Association Journal, 180 (8): 829-31.

Yang K, Pandey S K. 2011. Further Dissecting the Black Box of Citizen Participation: When Does Citizen Involvement Lead to Good Outcomes? [J] . Public Administration Review, 71 (6): 880-892.

Zhong Wang, Qian Yu. 2015. Privacy Trust Crisis of Personal Data in China in the Era of Big Data: The survey and Countermeasures [J] . Computer Law and Security Review, 31 (6): 782-792.

Zhong Wang, Zhengzhong Xu. 2015. On Transformation from Industrial City to Smart City: a Case Study on Shijingshan District of Beijing [J] . International Journal of Information and Decision Sciences, 7 (3): 255-264.

Zhong Wang. 2013. Big Data: Key Factors of Production in Information Age [J]. Contemporary Asian Economy Research, 4 (2): 52-60.

Zikopoulos P, Eaton C. 2011. Understanding big data: Analytics for enterprise class hadoop and streaming data [M] . McGraw-Hill Osborne Media.

U. S. Department of Energy . BER Virtual Laboratory: Innovative Framework for Biological and Environmental Grand Challenges: A Report from the Biological and Environmental Research

Advisory Committee ［R］. February 2013. < https：//science. energy. gov/~/media/ber/ berac/pdf/20130221/BERACVirtualLaboratory_ Feb-18-2013. pdf>.

U. S. Department of Energy Office of Science. 2013. Data Crosscutting Requirements Review ［R］. April 4-5, <http：//science. energy. gov/~/media/ascr/pdf/program-documents/ docs/ ASCR_ DataCrosscutting2_ 8_ 28_ 13. pdf>.

Rudin C, Dunson D, Irizarry R, et al. 2014. Discovery with Data：Leveraging Statistics with Computer Science to Transform Science and Society ［J］. < http：//www. amstat. org/ policy/pdfs/BigDataStatisticsJune2014. pdf>.

U. S. Department of Energy Office of Science. Synergistic Challenges in Data-Intensive Science and Exascale Computing ［R］. March 30, 2013 <https：//science. energy. gov/~/media/ 40749FD92B58438594256267425C4AD1. ashx>

Galaxy Zoo. 2015. The Story So Far ［EB/OL］. September 30, <http：//www. galaxyzoo. org/ #/story>.

The White House. 2015. The White House BRAIN Initiative ［EB/OL］. < https：// www. whitehouse. gov/BRAIN>.

后记一

书稿即将付梓，虽仍觉有许多不足之处，限于作者水平以及时间、精力，只好斗胆交予读者评判。在此，向读者介绍一下本书的创作过程，以及感谢于本书提供过帮助的人。

自从 2012 年开始撰写《美国推动大数据技术发展的战略价值及启示》以来，我就一直开展大数据的相关研究。2013 年获得自然科学基金委资助《大数据商业模式、产业链治理及公共政策研究》以及中国博士后科学基金资助《大数据环境下个人数据隐私规制研究》，有了项目的支持，使得本人的研究不断深入。2013 年 12 月进入北京市社会科学院，开始接触城市管理的相关研究课题和实际工作，深切感受到大数据在城市管理方面大有可为。2014 年年底，和王晓华博士的一次聚会上讨论到该话题，聊得很投机，决定合作著述。前后几经讨论，确定了城市治理大数据应用的选题。

选题确定之后，又经多次讨论，于 2015 年 3 月底确定了书的框架和进度安排。书稿撰写过程诸多不易，迟迟未能合稿。赶在 2016 年国庆之前，我们终于完成了初稿。

和王晓华博士合作，是基于她深厚的技术功底和认真负责的科研态度，更是基于双方对彼此研究理念的认可。书稿的整体框架、主要内容、重要观点，都是我们经过再三讨论、商定形成的。书稿撰写大体的任务分工是王晓华博士负责 6、8、9、11、12、15 章，我负责 1~5、7、10、13、14、16~18 章。

该书的出版，要致谢的人很多，有的是起到直接贡献，有的是有间接作用。尤其这是一本合著，涉及人员更多，本人就不在这里一一列举。

由于书稿是在前期研究基础之上形成的，有些内容和观点也有本人所主持课题的课题组成员，尤其是所发表论文的合作作者的贡献。在此，对钟瑛博士、张涵博士、赵惠博士、安智慧硕士表示感谢。

初稿成形到联系出版社，前后经历了两个月。很幸运，2016 年 12 月初联系上了海洋出版社的杨明女士。她对书稿标题的确定给出了专业的意见，并时常关注稿件进展，后期对稿件进行悉心的审校，并设计发行方案，在此表示衷心的感谢。

也要感谢家人对我科研工作的支持，书稿的撰写占用了不少本可以陪伴家人的时光。最后，稿件存在不足之处，烦请读者不吝赐教。

2016 年 12 月 28 日

后记二

在教育、医疗、交通运输、航空航天、环保等各个行业中存在着各种各样的数据，人员的、系统的、机器的、环境的、设计的、开发的、测试的、运维的……这些数据在行业应用、项目顺利实施、质量保障，以及应用任务的目标实现等方面发挥了极为重要的作用。如何将数据以更合理有效的方式利用起来，一直是政府、学术和企业界在不断研究的课题。本人一直想从工程以外的角度展现对大数据本身的认知和看法，苦于没有合适的合作者和契机。

与王忠博士的合作源于拜读了他的专著《大数据时代个人数据隐私规制》。王忠博士对大数据的研究有深厚积累，对大数据在城市治理方面的应用也有自己独到的见解。本人在技术和工程项目中浸润多年，深感应用是面向领域的，技术往往是相通的，若能共同合作，说不定可各用所长，从而萌生了与王忠博士合作的想法。经沟通，我极为认可王忠博士以大数据在城市治理应用方面入手的思路，确认了书的选题，期望能够为读者展现出大数据在城市治理应用中的一番风貌。

在书的撰写过程中遇到诸多困难，书稿几经延期，同时也得到了很多帮助与支持，才使本书得以完成，在此对给予过支持和帮助的所有人致以诚挚谢意。

困难主要在于时间极为有限。由于工程项目进度非常紧张，几乎没有闲暇时间，尽管我们两位作者历经几次讨论确定了书的框架结构，但书的撰写进度却一拖再拖。在此非常感谢合作伙伴王忠博士的理解和帮助！王忠博士以其深厚的研究功底和经验积累承担了本书大量章节的布局规划和撰写工作，如果没有他，本书难以成稿。

除了本书的合著者王忠博士外，还有来自多方面的支持。特别要感谢我的导师顾逸东老师，在老师的鼓励下，我才能在高强度的工作状态中一直坚持下来。也要感谢我的家人给予的充分支持。在紧张的工程项目告一段落后，继续支持我利用业余时间撰写本书，没有你们，本书不能如此顺利地完成。非常感谢海洋出版社杨明编辑给予的支持和建议，从图书专业的角度对我们给予了非常有用的指导。最后也要感谢我的领导、同事们给予的帮助，衷心感谢！

本书从城市治理与大数据的结合、大数据在城市中的概貌、应用中存在的障碍和保障措施等方面展现了大数据在城市中的应用，希望呈现出一个相对完整的城市治理大数据应用体系，以飨读者。当然，由于作者水平和经验的局限，书中也存在不足之处，请读者谅解并反馈给我们，帮助我们不断进步。

再次衷心感谢帮助本书付梓的所有人。

2016 年 12 月 30 日